歴史文化ライブラリー

171

落語の博物誌

江戸の文化を読む

岩崎均史

吉川弘文館

目次

落語の中の渡来文物

口上に代えて――プロローグ

落語から教わったこと

比較的若年のころから、落語や演芸を見聞きする機会の多かったことから、あれ、今のはなんだろう？　とか、これはどういうことなんだろう？　と疑問を持ったり、なにか耳に残る言葉がそこにあった。はじめはそのまま聞き流していたが、いつしかそんなものを、調べてみるとか、自分が納得する手だてを講じるようになった。そんな性分があったからか、美術史や文化史担当の博物館学芸員になってしまった。現在の自分を振り返ってみると、何か、繫《つな》がっている部分は確実に存在するようである。そして、噺《はなし》を聞くうちに、物事の仕組みや成り立ち、あるいは感情、ものの善し悪しなどを教えてもらったような気がするのである。もっと細かいことなら、状況による人の行ないや、家事の仕方など、ちょっとしたことでも、学校では教えてくれないようなことを学ばせてもらっている。掃除《そうじ》では、はたきは最初にかけるとか、畳《たたみ》の目なりに箒《ほうき》で掃くとか、それに茶殻《ちゃがら》を撒《ま》いてやると無駄《むだ》がないなどなど、ほんの一例にすぎないが、このような知らないことを教えてくれた。また、これは、絶対真似はできないのだが、話（会話）の間《ま》などは、会得《えとく》できないものの、こんな感じで話せたらいいなと感じさせてくれる。

現在は、残念ではあるがその機会が少なくなってしまった。時間がなかなか取れないというのが最大の理由であろうが、これは、寄席に行くとか落語会・ホールに出向くということに関してだが、もっと身近なことでは、テレビやラジオでの放送が以前と比べると比較にならないほど減少してしまったからであろう。レコードやコンパクトディスク（CD）、ビデオなども普及しており、もちろん私も相当数所持しているが、家でまとめて時間をかけて聞くということは少ない。ゆとりがなくなってしまったのかと、寂しい気になる。確かに、忙しい中、時間を見つけてあわただしく聞くのは、自分もしたくはない。きっと、長じてから、あまり聞いていないのが影響して、このところ少し頭が固くなってしまったのだろう。反省しきり、といったところであろうか。

落語からの発信

本書は、そんな落語学校の落第生である著者が、かつてお世話になった噺たちに少しは、お礼の意味も込めたご奉公をさせていただこうと記したものである。ただ、昔ならったことをおさらいするのではなく、現在自分が仕事を含め従事している分野のことを、落語の噺の中から見つけだし、それについて、解説を加えたものが本書である。噺にしてみれば、何を余計なことをしてくれたんだ、という感じかもしれない。重箱の隅をつついた感がなくもない。でも、楽しく、面白い噺の中に、これだけの要素が秘められているということを、一度は披瀝《ひれき》してみたかったことも事実である。もちろん落語という芸能の特性から、事実を超越し、荒唐無稽《こうとうむけい》な内容・展開のものも多い。しかし、そんな中にも、ダイヤの原石のように、素晴らしい用語が秘められ（散りばめられ、あるいは埋もれて）、それが噺の演出に深く関係していたり、背景に不可欠なものも少なくないのである。それを一つでも確認していただければ、著者は本望と思う。

本書の構成は、工芸関係・絵画関係・浮世絵版画関係、そして海外からの渡来文物関係に大きく章立てし、十六題の落語の中から関連の用語を説明している。もとより、用語の選択に偏りがあるのは覚悟のうえで、広く浅く大きな風俗史的なことまで含めるとよいのだろうが、美術史あるいは、私の関連分野の文化史にとどめた。著者は、落語や演芸をこよなく愛するものではあるが、これらの研究者では決してない。つまり、本書も落語の研究書ではないし、読後に落語がより面白く聞けるというものでもないだろう。あくまで、用語の解説集の性格が強いと思える。構成を考えた場合、先に用語あり、というものもあり得たのだろうが、用語から落語を探すのは至難の業であり、かつまた、登場する落語の内容紹介だけで多くの紙幅《しふく》を費やすであろう危険を感じ、先に説明する落語を選択し、そこから用語の解説に及ぶ形態とした。本書では、紹介した落語の内容は、そのほとんどを要約にとどめた。もし、口演内容に興味を持たれたら、是非《ぜひ》寄席やホールに出かけていただきたいし、録音盤を聞く手もある。いずれにせよ、次の行動が生まれるような本となれば望外の幸せというものだろう。とにかく、扱うものが落語であり、古典芸能と肩肘《かたひじ》張らずに、楽しく読んでいただきたいものである。かつて寄席は「浮世学問の場」ともいわれており、落語などから浮世（現在・当世）のものごとや仕組などを耳から学べる場所としても存在していた。現在ではこの面はあまり利用できなくなってしまった。時代が変化したのだからではちょっと寂しい気がする。まだまだ普遍的なものもあるし、見方を変えるとどうだろうか……と思ったことが、本書のスタートラインである。

さて、そろそろ最初の噺の出囃子《でばやし》が聞こえてきたようだ。この席が、大入りとなり、前座さんの「お膝送《ひざおく》りをお願いします」の声が中入り前にあるといいのだが……太鼓のリズムに促され、場所を詰めることも今ではなかなか体験できなくなった。では、本論に進んでいただくこととしよう。まずは、落語の中の彫刻・工芸から……

落語の中の彫刻・工芸

「金明竹」――難解タームてんこ盛りの前座噺

「金明竹」とは

冒頭に紹介する落語を何にするか、いろいろと悩んだのだが、本書の内容に一番的確に対応していると考え、「金明竹《きんめいちく》」を選択した。とにかく、噺《はなし》としては、単純なものであるのだが、なにしろ難解な美術工芸の用語が盛りだくさんであり、それを紐解《ひもと》いていくだけでも苦労を要する噺である。前座噺《ぜんざばなし》として比較的、高座に掛けられることの多い噺であり、聞いたことがある人も多いことと思う。

「金明竹」は、店主である叔父が不在で与太郎の店番をする骨董屋《こっとうや》に、中橋《なかばし》の加賀屋佐吉の使いが来て、上方訛《かみがたなま》りの早口で用件を伝える。その聞き違い、勘違いが話の落ちとなる。一気にまくし立てるように語られる用件は、後半の話の伏線となるため、幾度となく繰り返される。与太郎が面白がって数度、さらに、おかみさんがでてきて、再度伝えるのだが要領を得ず、ついに使いは帰ってしまう。ちょっと引用すると、

わて中橋の加賀屋佐吉方から参じました。先度仲買の弥市が取り次ぎました道具七品のうち、ゆうじょそうじょこうじょ、さんさくのみところもの、ならびにびぜんおさふねのじゅうにんのりみつ、しぶいちこしらえよこやそうみんこづかつきのわきざし、あのつかまえは旦那はんがたがやさんといってはったが、うもれぎじゃそうで、木が違うとりますさかい、念のためちょこっとおことわり申し上げます。次はおうばくさんきんめいちく、ずんどうのはないけにはえんしゅうそうほのめいがござります。おりべのこうご、のんこのちゃわん。「古池や蛙飛び込む水の音」あれはふうらぼうしょうひつのかけもので、たくわん、もくあん、いんげんぜんじはりまぜのこびょうぶ。あの屛風はなぁもし、わての旦那の旦那寺が兵庫におまして、この兵庫の坊主の好みまする屛風じゃによって表具にやり、兵庫の坊主の屛風にいたしますと、こないお伝言願います。(引用は、松主水著「落語『金明竹』考」『新演藝』第九号に掲載された速記に、著者が若干手を加えている。以下同じ。以降の用語解説を考え、ここでは関係部分を

ひらがな表記とした。）

ほぼ全体が骨董屋（現在の古美術商と同業）の扱う商品に関係する品名・人名・素材名などが羅列《られつ》され、最終部分は完全に言葉遊びの早口言葉となっている。細部のイントネーションや助詞が演者で多少異なるものの、ほぼこれがすべての用件で、これを一気呵成《いっきかせい》に話すのである。歌舞伎の外郎売《ういろうう》りの口上がアナウンサーや役者の滑舌《かつぜつ》練習に使われているというが、これもそんな使われ方がなされているということを聞いたことがある。事実、この「金明竹」は前座噺として、入門したての前座さんや二ッ目《ふたつめ》さんがよく高座に掛ける。長台詞《ながぜりふ》の妙を会得《えとく》するということなら「垂乳根《たらちね》」や「寿限無《じゅげむ》」などと似ているが、登場人物の数や噺の展開など、やや難しい前座噺かもしれない。

噺の成立は、確実なものではないが、長噺の祖とされる初代石井宗叔《そうしゃく》の「夕立」が原型とも、初代林屋正蔵《はやしやしょうぞう》作の「阿呆《あほう》の口上」ともいわれている。

口上の中身は……

この噺を高座ではなす噺家さんや寄席やテレビで噺を聞く人たちも、この加賀屋から来たお使いの人がいっていることを完全に理解している人は少ないのではなかろうか。先に記した引用は、漢字に置き換えると以下のようになる。

わて中橋の加賀屋佐吉方から参じました。先度仲買の弥市が取り次ぎました道具七品のうち、祐乗・宗乗・光乗三作の三所物、ならびに備前長船の住人則光、四分一拵横谷宗珉小柄付の脇差、あの柄前は旦那はんが鉄刀木といってはったが、埋木じゃそうで、木が違うとりますさかい、念のためちょこっとおことわり申し上げます。次は黄檗山金明竹、寸胴の花活には遠州宗甫の銘がござります。織部の香合、のんこの茶碗。「古池や蛙飛び込む水の音」あれは風羅坊正筆の掛物で、沢庵、木庵、隠元禅師張交の小屛風。あの屛風はなぁもし、わての旦那の旦那寺が兵庫におまして、この兵庫の坊主の好みまする屛風じゃによって表具にやり、兵庫の坊主の屛風にいたしますと、こないお伝言願います。

漢字に置き換えても何だか意味不明の言葉がきっと多いことと思われるが、いかがだろうか。自分のことで考えてみると、いっていることの全容がわかったのは、少なくとも博物館に勤めてからだし、三十代のころではなかろうかと思う。よくこの噺の解説で、古美術商が用いる専門用語や符丁《ふちょう》が使われていて難解というような説明がなされる。この点は、美術史研究を仕事としている者からいわせてもらえば、そのようなことはほとんど見られない。美術史でも通常使われる用語で構成されているもので、その面では専門用語かもしれないが、一般に調べようのない商人が使用する符丁のようなものは含まれてはいない。古美術を趣味にしている人でも知られている用語といってよいだろう。ただ、刀剣（装剣《そうけん》）の金工や素材・茶道具として用いられる陶芸や工芸、そして書というように、美術工芸の中のいくつかの分野のものが含まれており、このすべてを理解するにはかなりの知識が必要になる。一般に通用しにくい用語が多いゆえに符丁が含まれるなどと解説されてしまったのであろう。

話芸としての落語では、この部分の完全な内容理解は、噺を楽しむということからは実のところ、あまり意味がないのかもしれない。いくつかは知識の内のものが入っており、いっていることは荒唐無稽《こうとうむけい》なものではないということは何となくわかる。この程度で、あとは江戸や東京の噺家が多少デフォルメを効かせて語る上方言葉の抑揚の面白さ、そして早口言葉然として語られる長い台詞《せりふ》に醍醐味《だいごみ》があるといってよいだろう。しかし、この内容を細かく説明しようとした人物が、私以外にもいたのである。戦後短い期間に刊行された『新演藝』第九号（光友社、昭和二十三年〔一九四八〕四月五日発行）に松主水氏が「落語『金明竹』考」という論考を寄せている。実にこまかく考証されていて、わかりやすい説明がなされている。ただ、今見てみるとその後判明したことや、多少補足が必要な部分などが生じており、大先輩である松主水氏のものを尊重しつつ、以下、私なりの説明をしてみたい。

〈中橋《なかばし》〉　楓川《もみじがわ》（紅葉川とも）からの入り堀が外堀まで続いており、この堀と日本橋通が交差したところに架かっていたのが中橋である。この名称は、江戸の本通り、日本橋と京橋との間の中央に架かっていた橋であったことから、中橋と呼ばれた。しかし、安永三年（一七七四）に、この入り堀が埋め立てられ、橋も撤去されたが、埋立地は中橋広小路の地名で呼ばれた。この界隈《かいわい》は、日本橋の南側、通《とおり》四丁目に隣り合わせており、中橋広小路町と称された。骨董商である加賀屋佐吉の店はこの辺りにあったのであろう。

〈祐乗《ゆうじょ》・宗乗《そうじょ》・光乗三作《こうじょさんさく》〉　金工の大家後藤家の初代が祐乗《ゆうじょう》、二代が宗乗《そうじょう》、四代が光《こう》乗《じょう》で、この後藤家の初期の三代がそれぞれ次の三所《みところ》物《もの》の作者ということになる。本来、後藤家では、初代祐乗・二代宗乗に三代の乗真の三人を上三代《かみさんだい》と呼ぶが、ここでは三代を飛ばして四代光乗を加えている。これは、おそらく、長台詞の調子（リズム）を整えるために名前の「乗《じょう》」が揃うことで韻《いん》が踏《ふ》めるという演出で三代乗真をはずし、名前の下に乗の字が付く四代光乗としたのではなかろうか。確かに「祐乗・宗乗・光乗」のほうが「祐乗・宗乗・乗真」というよりリズミカルに語れる。話芸の演出のために上三代の一人乗真が割りをくってしまったというところであろうか。また、耳だけで覚えた噺家が長い間「遊女・僧正・孝女」と思っていたという話を松主水氏は記している。

さて、後藤家の祖とされる祐乗は、足利将軍に仕える武士の家に生まれ、将軍の近侍《きんじ》を務めるが、後に彫金に身を転じて、装剣の彫金をよく行い、剃髪《ていはつ》の後、祐乗を名乗り法橋《ほっきょう》に叙せられた。作風は、大胆な構図に緻密な彫刻であり、高肉彫《たかにくぼり》は彼の創案で彼以前の彫金の作品とは、装飾性において大きな違いを見せた。彼により、装剣金具が画期的な発展を遂げ、家彫《いえぼり》と称された後藤家は、幕末まで彫金界の中枢に常に存在していた。さて、その初代祐乗は、一説に近侍時代に同僚の讒言《ざんげん》から官を免ぜられ、牢につながれるが、獄吏が哀れんで彼に与えた桃の種を小刀を借りて神輿船《みこしぶね》十四艘《そう》に猿六十三頭を刻んで渡したという。獄吏がこれに驚き、将軍義政に見せたところ、たちまち許され将軍御用の装剣を任せたというのである。名工・名匠にお決まりの伝承の一つであるが、祐乗の後、連綿と続いた後藤家の祖を称える話として紹介しておく。祐乗の作風の特徴をもう一つ加えるならば、下絵の巧さが過去の作品と異なるものといえると思う。巷間《こうかん》伝えられる狩野元信《かのうもとのぶ》との交流が関係しているのであろう。祐乗作のもので元信下絵と伝承されたものも多く見られ、その事実はわからないが、同時代に将軍の御用を承る者同士として、何らかの関係はあったものと想像できる。後に金工師は下絵作成のため、絵画技法の習得は必須のものとなり、後の名人名工は皆絵を能くした。

〈三所物《みところもの》〉　刀の拵《こしらえ》の重要な部分三カ所で、目貫《めぬき》・笄《こうがい》・小柄《こづか》が、それにあたる。目貫は、刀身を柄《つか》から抜けぬよう固定する目釘《めくぎ》（近世では木や竹で行われた）の頭の部分、位置的には柄の中程の表裏に据え、目釘を隠して装飾性を持たせ、また、柄の滑り止めとしても用いられた金具である。笄は、髪を整えたり、かいたりするための理髪具《りはつぐ》で、女性は先を二つに割った割笄《わりこうがい》を結った髪に差して、装身具とし、武士は脇差《わきざ》し（小刀）の鞘《さや》に納めて携帯した。この柄の部分に、主に金工的な装飾を施して装剣具とした。小柄は、同じく鞘の笄の反対側に納められた小刀で、柄の部分（鞘から外に出ている部分）に笄同様彫金や象嵌《ぞうがん》で加飾されたものが多い。この三種の刀装（装剣）具は、同じ作り手により、同一素材、意匠（あるいは関連する意匠）で作られる場合が多いが、この噺のように三種の金

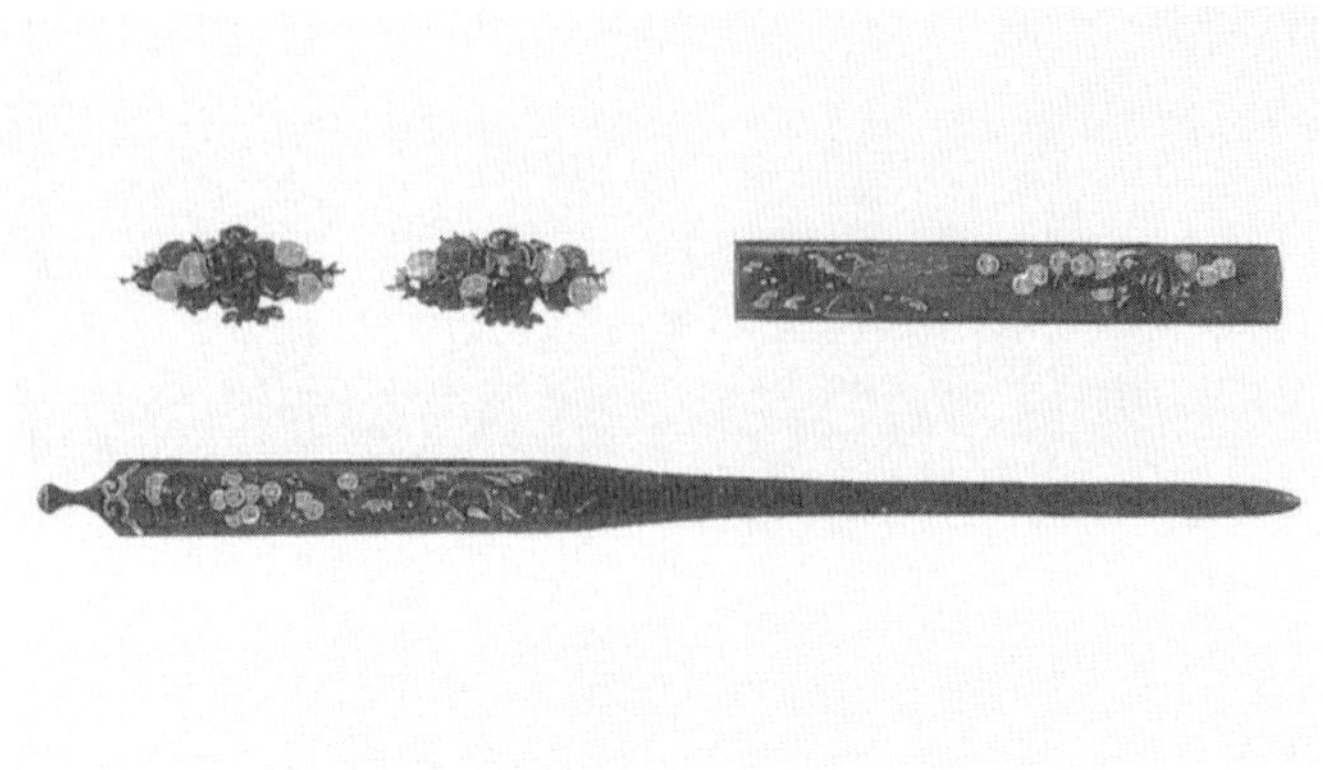

図１　猿猴捕月図三所物（目貫・笄は３代乗真の作、永青文庫所蔵）

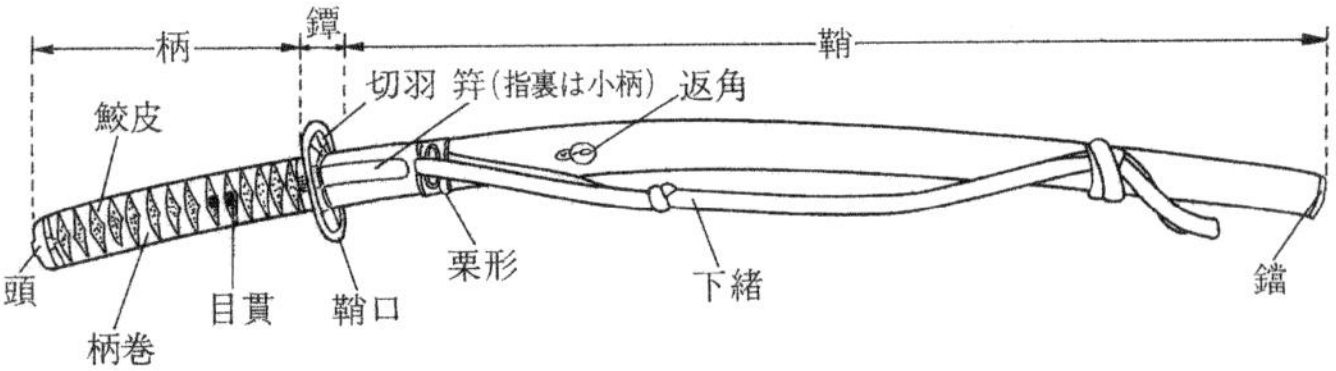

図２　拵の概念図

具を取り合わせ、作者を親子・師弟・同門などの人物の作で揃えることもなされた。この三所物は、後藤家上代の名工の取り合わせということになる。

〈備前長船の住人則光《びぜんおさふねじゅうにんのりみつ》〉　備前国（現在の岡山県東部）は、古来から良質の砂鉄に恵まれ、刀剣の産出地として知られている。名刀工も多く輩出し、備前刀の名を世に知らしめた。その備前にあって長船村は、備前刀の中心地といわれ、あまたの刀鍛冶が刀剣の鍛錬《たんれん》に勤《いそ》しんでいた。また、則光は、最も優れているといわれる初代をはじめ、室町中期から末にかけて四代続いたが、ここで登場する則光がどれにあたるかまではわからない。道具の取引に登場することから、初代と見るべきなのだろうか。ただ、この多くの名工を輩出した備前も、室町末の大水害により衰退してしまっている。

〈横谷宗珉《よこやそうみん》〉　横谷派は、後藤家に技を学んだ初代宗与《そうよ》から始まる装剣彫金の流派である。京都から江戸に出た宗与は、寛永年間（一六二四〜四四）に将軍から彫物御用を仰せつかり、以降横谷家は、代々御用彫物師として仕えた。宗珉は、天才的な技術を持ち、後藤祐乗（後藤家初代、前述参照）以来の名工と称され、横谷家二代宗知《そうち》の養子となり、三代となる。しかし、将軍御用の職を辞し、野に下り仕事をしたことから以降の作品は「町彫《まちぼり》」と冠が付けられたという。宗珉はじめ、横谷派の特徴は、絵画的な効果を持った彫金であり、技巧もさることながら、下絵の完成度が作品を左右していた。宗珉は、英《はなぶさ》一蝶《いっちょう》と親交が深く、下絵の多くは一蝶が描いていた。二人の関係の一例は、一蝶が三宅島に流刑となった際、その母妙寿を十年以上にわたり扶養するなど、単なる友人関係以上のものであったことが想像できる。

〈四分一《しぶいち》拵《こしらえ》〉　四分一は、銅と銀を用いた日本独特の合金で、銅四（一〇匁《もんめ》）に対し一（二匁五分）の割合で銀を吹合わせたことからこの名称が付けられた。しかし、この割合はあくまで基本的なものであり、銀が高い割合で使われる場合が多かった。灰黒色で渋みのある燻銀《いぶしぎん》に近い色合いが特色で、装剣関係の地金やたばこ入れなどの袋物《ふくろもの》の金具などによく用いられた。別称「朧銀《ろうぎん》」とも呼ばれた。拵《こしらえ》は、「つくる」「仕立てる」の意で使われ、この場合は、四分一を使用して仕立てられた小柄ということになろう。また、刀剣を身に付け携帯する形状を「拵」といい、柄・鞘・鍔《つば》を総称した呼称としても使われる。さらに、それぞれの部分（柄・鞘・鍔）での装飾の様子なども含めた使い方も行われる。

〈小柄《こづか》〉　〈三所物〉の項参照。

〈脇差《わきざし》〉　脇指刀と呼ばれ、俗に小刀ともいう。武士以外で帯刀が許された場合用いられたのも脇差である。

図3　鉄刀木製のたばこ盆（たばこと塩の博物館所蔵）

〈柄前《つかまえ》〉　柄そのものや、柄の体裁をいう。柄は木製で作られ、その材質が時として問われた。

〈鉄刀木《たがやさん》〉　インドから南アジアに分布するマメ科の小高木で、成長すると高さは一〇メートル・径は四〇センチを超える。色彩は黒色で、木目は詰まっており、材質は非常に固く、重いという特色を持っている。「鉄刀木」と宛てられた漢字の意味は、この材質を表現している。ただし、完全な宛字《あてじ》であり、難読用語として知られ、美術系の出版社の入社試験などによく出題されたという。一般に目が詰まって、重い木材というと、紫檀《したん》・黒檀《こくたん》などの檀木《たんぼく》類がなじみ深いかもしれない。鉄刀木も檀木が使われるような用途が多く、指物などに利用された。実際に持ってみると見た目より、はるかに重量があり、指で弾いてみると、金属質の高い音がする。

〈埋木《うもれぎ》〉　古代の樹木の幹が、地殻変動などで水没し土砂に埋もれ、長い年月を経て石化しかけたもので、黒檀などの檀木類に似た固いものに変化したもの。土砂の流動などで水面に現れたり、水が干上がった際に採取され、諸道具に加工される。雅味《がみ》が喜ばれ、茶道具や数寄屋の調度などにも使われた。また、そのままの状況で、置物などに利用されることもある。

〈木《きい》が違《ちが》う・気《きい》が違《ちが》う〉　鉄刀木と思っていたものが埋木だったということで、木（材質）が違っていたということであるが、上方弁で木の母音の「い」にアクセントが掛かると、気が違うと聞き間違える。双方の持つ意味に、相当の隔たりが生じた同音異義の仕掛けである。

〈黄檗山《おうばくさん》〉　本来は中国本土の臨済宗の流れを汲む禅宗「黄檗宗」の大道場の名であるが、明末清初の変革を避けた隠元《いんげん》（中国僧）が日本に渡り、宇治に黄檗山万福寺《まんぷくじ》を開き、独立した禅宗黄檗宗の本山とした。この噺の「黄檗山」は、この宇治の万福寺を指す。寺内は伽藍《がらん》をはじめ生活様式など、すべて中国風で代々の法嗣《ほうし》も中国僧であった。そのため、食用の植物などを中心に、中国産のものが持ち込まれ栽培された。おそらく、次の金明竹を含む竹なども植えられていたと考えられる。

〈金明竹《きんめいちく》〉　マダケの栽培変種で、稈《かん》（竹や麦などの中空の幹や茎）や枝は黄色で、緑色の筋が見られる。「落語『金明竹』考」の著者松主水氏は、金明竹の文字にこだわり、錦名竹・錦明竹・錦銘竹・金銘竹などあるが、宛字であっても金明竹が正しいと主張されている。ひとつの根拠に銀明竹の存在を揚《あ》げ、「錦」では金銀の揃いにならないことをいわれている。ちなみに、『広辞苑』『日本国語大辞典』などには金明竹で載っている。ここでは、全面的に松主水氏の意見を採用するが、確かに慧眼《けいがん》といえる説明である。

〈寸胴《ずんど》の花活《はないけ》〉　寸胴とは、円筒形で口と胴が同じ寸法の形状のことをいう。花活は、花入と同じで花を生ける器のこと。茶室などに花を飾るための茶道具である。ここでは、先の金明竹を稈に直角に輪切りに（勾配などつけずに）したものを、花入としたもの。「ずんど」は、「寸胴」の上方訛《なま》り。横一文字に切り付けることを寸胴切りというが、同じ用法である。

〈遠州宗甫《えんしゅうそうほ》の銘《めい》〉　遠州宗甫は、小堀遠州《こぼりえんしゅう》（天正七年〔一五七九〕―正保四年〔一六四七〕）のことで、豊臣秀吉や徳川家康から家光までの三人の将軍に仕えた武将であり、茶道・歌道に優れ、建築・作庭にも非凡な才能を発揮したことで知られる。彼の茶道は利休《りきゅう》門人古田織部《ふるたおりべ》から学んだもので、高い教養に裏付けされた芸術性豊かで茶事全般にわたる細やかな茶湯であったという。彼は、その教養と眼力により「名物品定《めいぶつしなさだめ》」をよくし、古歌などから銘を付すことなどをよくした。茶道の遠州流は、彼を開祖とする流派である。宗甫は、遠州が大徳寺に参禅し与えられた法名である。

これで、金明竹を寸胴切りにした花活《はないけ》に小堀遠州の銘があるもの、ということになる。また、華道にも遠州流というものがあり、小堀遠州を開祖とするものもあるが、こちらは、江戸中期の春秋軒一葉が開祖であり、後の権威付けのための作為であろう。

この噺でてくるのが茶室の花入となれば、名物品定をよくした遠州宗甫の銘があるとなると、ものの価格にも影響したことであろう。

〈織部《おりべ》〉　織部は、織部焼のことで、古田織部が美濃《みの》の陶工を指導して焼かせた陶器をいう。色釉《いろゆう》（印象的な緑色など）・文様（幾何学紋様や異国風な意匠《いしょう》）・形態（厚手で窯変《ようへん》を喜び、いびつな異形《いぎょう》も受け入れる）などに、それまでにない技巧が凝らされたもの。

古田織部は、千利休の高弟であり、代表的な武将茶人で織部流茶道の開祖である。先の小堀遠州の茶の師匠も古田織部である。

〈香合《こうご》〉　香など香料を入れる蓋付きの容器のことで、茶事の道具として、また茶席の観賞茶器として用いられる。香盒と書かれたり、香箱などとも呼ばれた。「こうご」は「香合《こうごう》」の上方訛《かみがたなま》りである。

〈ノンコウの茶碗《ちゃわん》〉　ノンコウは、京都の楽家《らくけ》の三代楽吉兵衛（後に吉左衛門、剃髪《ていはつ》後は道入）の通称である。このいわれは、千宗旦《せんそうたん》が「ノムカウ」と銘を付した花入を贈ったところ、大変に気に入ったことからとか、「のんこ髷《まげ》」を結っていたからなど諸説あり判然としない。しかし、彼は、楽家の代々のなかにあって最高の名工とされる人物である。楽焼は、楽家代々の焼成品、もしくは、手捏《てづく》ね軟陶《なんとう》の総称としても用いられる。楽家の三代のノンコウの作った茶碗ということであるが、「のんこ」は「ノンコウ」の上方訛り。また温古の字を宛てる場合もある。

〈風羅坊正筆《ふうらぼうしょうひつ》〉　風羅坊は、俳聖松尾芭蕉の別号である（俳号は宗房・桃青）。まさしく「古池や蛙飛び込む水の音」は芭蕉の句である。正筆は、真筆《しんぴつ》と同意語で、本人の直筆のことをいう。芭蕉直筆の「古池や蛙飛び込む水の音」の書ということになる。

〈沢庵《たくあん》〉　沢庵（名は宗彭《そうほう》）は、江戸初期の大徳寺派禅僧で、学僧として知られる。和歌をよくし、茶に明るく、書画も非凡な才能を持っていた。徳川家光の帰依《きえ》を得て、品川東海寺の開祖となった。大根の漬け物「沢庵漬け」は、彼が考案した保存食といわれるが、大根の漬け物は沢庵以前から存在している。俗説に、三代将軍徳川家光が、品川東海寺に御成《おなり》になり、その際沢庵が、お茶受けに大根の漬け物を添えて、お茶を差し上げた。家光は、その味を気に入り、土産《みやげ》に所望して江戸城に持ち帰り、これを沢庵禅師の漬け物だと吹聴《ふいちょう》したという。そこから大根の糠《ぬか》漬《づ》けは沢庵漬け・沢庵と呼ばれるようになったという。これは、沢庵を考案者とするより、あながち否定できないことかもしれない。

〈木庵《もくあん》〉　木庵性瑫《しょうとう》は、中国の黄檗山で隠元に師事していた中国僧。ともに日本に渡り、宇治の黄檗山万福寺に入った。隠元の跡を継ぎ、宇治黄檗山第二世法主となった。

〈隠元禅師《いんげんぜんじ》〉　隠元隆琦《りゅうき》は、木庵の師で中国黄檗山の僧であったが、日本に渡り、宇治の黄檗山万福寺の開祖となった（〈黄檗山〉の項参照）。

〈貼交《はりまぜ》の小屏風《こびょうぶ》〉　貼交は、本紙に直接に絵や書を書《か》くのではなく、別に作成したものを複数本紙に貼ったもの。小屏風は、高さ約一メートル前後（三尺）の屏風のこと。基準的な本間屏風《ほんけんびょうぶ》は高さ一・六メートル（五尺）前後のものをいう。この場合は、沢庵・木庵・隠元三者の書を一つの屏風に貼り交ぜたもの。本来なら、沢庵・隠元・木庵という並びであろうが、ここも、「庵」を早口の韻として、調子を取るためにこの並びとしたのではなかろうか。

さて、三遊亭円生《さんゆうていえんしょう》は、貼交屛風のくだりを「沢庵禅師の一行物、隠元、木庵、即非《そくひ》貼交の小屛風」と改めて演出したと芸談で述べている。彼がある古美術商から沢庵・隠元・木庵での貼交はしないと聞き、みずから納得して改変したようだ。おそらく、三者とも禅僧であるのは共通していても、沢庵は日本僧であり、また禅宗であっても宗派が異なるからであろう。加えた即非は来日した黄檗宗の中国僧、即非如一《そくひにょいち》であり、隠元・木庵と並び黄檗三僧と呼ばれた高僧である。沢庵のものは、別の一行ものの書、隠元、木庵、即非で、来日した中国の黄檗僧で揃えた貼交色紙を貼交の小屛風としたものである。これは、円生独特のこだわりと美学からの判断であろう。

ずいぶん長くなったが、これだけの難解な用語が散りばめられており、前述のとおり聞く方とて、これが全部理解できている人も少なかろうと思う。そして、理解していなくとも、落語を楽しむことにはいっこうにマイナスにならないであろう。

道具七品とは

ここで、道具七品とはどれを指すのかであるが、はじめに刀剣類が登場するので、ここで数え方を間違えると七品にならなくなる。

一品目――祐乗・宗乗・光乗三作の三所物。

二品目――備前長船則光作の刀身で、四分一拵横谷宗珉作の小柄付の脇差（ただし、柄前は鉄刀木ではなく埋木）。
三品目――黄檗山万福寺の金明竹を素材とした寸胴の花活（遠州宗甫の銘あり）。
四品目――織部の香合。
五品目――ノンコウの茶碗。
六品目――芭蕉真筆の「古池や蛙飛び込む水の音」の掛物。
七品目――沢庵、木庵、隠元禅師貼交の小屛風。
この七品が正解であろう。三所物以下の刀剣関係の品々を一つにすると足りなくなり、三所物・備前長船則光作の刀身・四分一拵横谷宗珉作の小柄付の脇差としてしまうと、一つ多くなってしまう。この数合わせであろうか、時として、利休の茶杓《ちゃしゃく》が加わった演出のものも聞かれる。これは、まさに蛇足《だそく》になろう。

早口言葉の取入れ

最後の「わての旦那の旦那寺が兵庫におまして、この兵庫の坊主の好みまする屛風じゃによって表具にやり、兵庫の坊主の屛風にいたしますと、こないお伝言願います」は、まさに早口言葉として口上の終わりを務めている。今までのものは、上方のイントネーションや散らしてある韻などで、調子よく聞かせるため早口に聞こえるが、必ずしもそうではない。おそらくは、この最後の部分ですべてを早口に言葉のように思わせる演出なのであろう。現在でも聞かれる「坊主が屛風に上手に坊主の絵を描いた」の同種のものを、松主水氏は「兵庫の坊主が屛風に上手に坊主の絵を描いた」と「兵部が屛風を刑部に買わせて兵部が持たずば刑部が坊主の屛風にしょう」という二つの言葉遊びをあげている。このような先行していた早口言葉を取り入れて、構成したのであろう。

さて、「金明竹」の加賀屋佐吉方の使いが語る、口上といってもよい伝言の用語を拾い出し解説してみた。前座噺だから単純な滑稽物《こっけいもの》と、かたづけられない品名が羅列される。もちろん、前述のとおり、単に落語を楽しむには、個々の物についての知識は不要である。しかし、不要な物ながら、構成上方便《ほうべん》としていい加減なものをあげてもよさそうなものだが、それが一つとして含まれていないところが、この噺のよくできたところなのである。

「竹の水仙」「三井の大黒」「ねずみ」——名工左甚五郎伝

左甚五郎《ひだりじんごろう》といえば、世に名人・名工・達人あまた存在するが、知名度の点では群を抜いているといえよう。たとえば、日光東照宮の眠り猫や他の装飾彫刻、上野東照宮の昇り竜・降り竜、伏見桃山城遺構で知られる西本願寺唐門《からもん》の装飾彫刻などなど、彼の作品といわれるものを多数あげることは比較的簡単であるが、いずれもその確証はない。実は、この左甚五郎の作であることが確実な作品は、世に存在しないのである。また、彼の生没年や履歴もさまざまなものが伝承されており、とても複雑な状況にある。

名工左甚五郎

左甚五郎の作か否かはさておき、彼の作といわれる伝承を持って今に残る近世の建築に

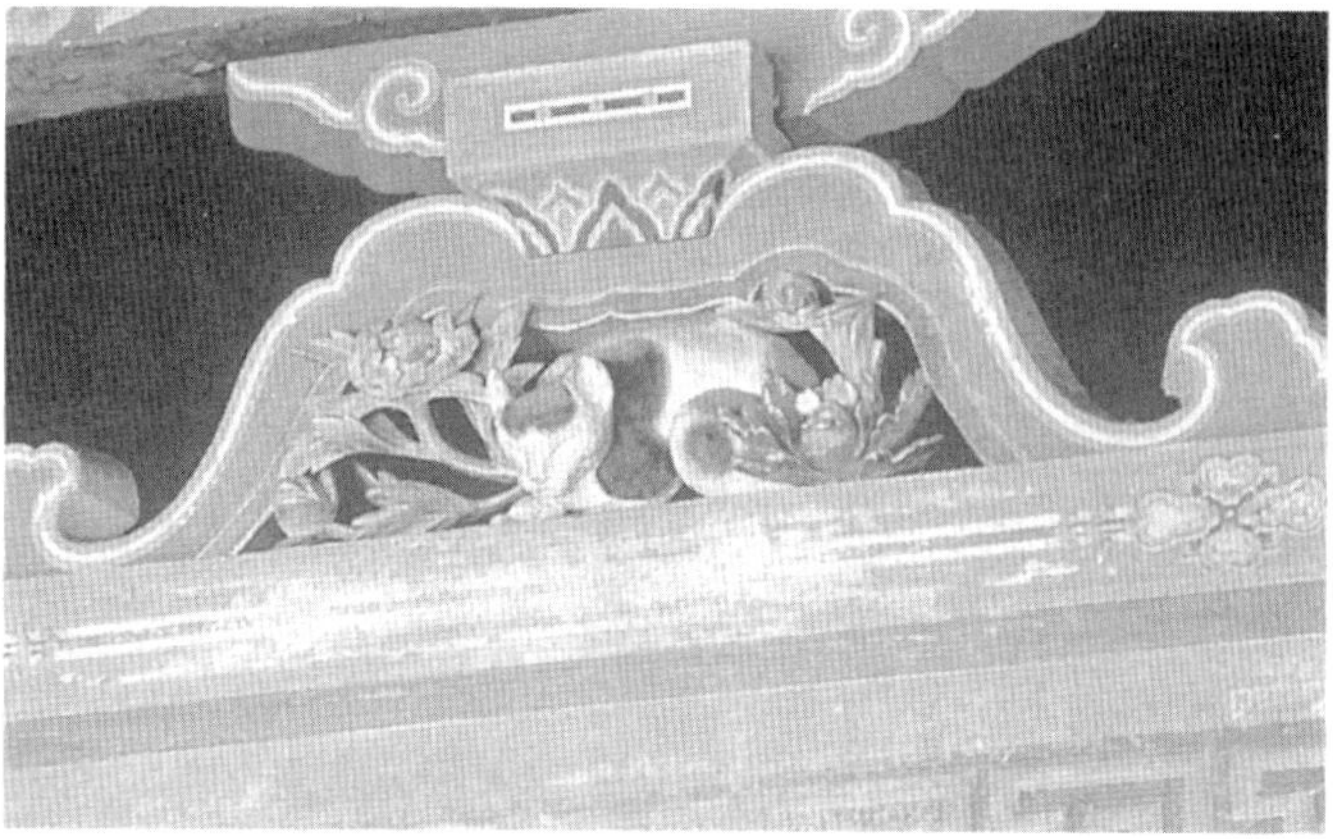

図4　左甚五郎作と伝えられる日光東照宮の眠り猫

施された装飾彫刻は、いずれも素晴らしい作品ばかりである。それは、当時の人々をしても同じ感覚でそれを見て評価していたことであろう。おそらく、その評価と複数の名もない工人たちの逸話がまとめられ、一人の名工左甚五郎という架空の人物に集約されて伝説となっていったのであろう。その後、彼の名声は伝説から歌舞伎、講談、浪曲、落語にも取り上げられ、さらに伝説は増幅し、語り継がれて普遍的な英雄的名工伝に変化していった。

落語に登場する左甚五郎

落語の中でも、左甚五郎が登場するものがいくつか存在するが、その代表的なもの三つを紹介し、甚五郎伝説の一部を探ってみよう。「竹の水仙《すいせん》」「三井の大黒」「ねずみ」の三題で、いずれも、彼が活躍し、名声を高めた京都の設定ではなく、江戸と江戸に向かう道中、あるいは奥州路での出来事で、名工甚五郎と気付かれない前半と、それが判明する後半で大きく内容が変化する構成になっている。

京から東海道を江戸に下る左甚五郎が、金を持たずに藤沢の宿で大黒屋金兵衛という旅籠《はたご》に泊まるところから「竹の水仙」は始まる。実は、甚五郎はまったく金を持たずに旅に出たのではない。まだ京都にいた甚五郎の所へ、江戸の駿河町三井八郎右衛門《はちろうえもん》の使いが、三井家にある運慶《うんけい》作の恵比須像《えびすぞう》の対《つい》として大黒像の作成を依頼し、百両の礼金のうち三十両を手付けとして渡したのである。この金を手に江戸に向かうが、途中までの飲み食いで無一文になっていた。京都から藤沢まで、何日かけて来たかはわからないが、相当の浪費を伴う行程といえる。ここのくだりは、次の「三井の大黒」に続く部分で非常に重要な内容であるが、多くの高座では、ここの部分を省略し、以下の内容のみで語られる場合が多い。

さて、甚五郎、金もないのに毎日酒浸りで、出立《しゅったつ》するそぶりもない。主人金兵衛が宿代を催促するが、ない金は払えず、らちがあかない。やがて、中庭にあった竹を切り取り、水仙（蕾《つぼみ》）を彫り上げる。それを竹筒の花活けに挿し、昼夜三度ずつ六たび水を換えると花が咲く、それを町人が欲しがれば五十両、侍ならば百両で売れという。金兵衛は不審に思いつつもいうとおりにすると、翌朝蕾は膨らみ、ついに花が咲くのであった。当日長州藩主毛利大膳大夫《だいぜんだゆう》が藤沢に到着し、金兵衛の店に宿を取ると、さっそくその水仙に目を奪われ、百両でお買い上げとなる。ここで、この男が宿の主人にも左甚五郎であることが知れ、金兵衛の態度が百八十度変わり、下にも置かないもてなしとなる。長州公が百両でお買い上げと伝えると、甚五郎は、「長州なら二百両でもよかった」といい、百両は金兵衛に世話代として渡し、自分はわずかな金子《きんす》を路銀として受け取り、宿を後に江戸に向かうというものである。異なる演出に半分の五十両は自分が受け取るというものもあるが、ここは、百両を金兵衛に渡す方が聞く側の気分もよい。

大黒屋という宿、毛利などの大名が泊まるのであれば、本陣として使われる格式ある宿ということになるが、そのような宿に、一文無しがよく泊まれたものだし、大名の逗留《とうりゅう》する日に、一般の客が同宿するのも事実関係から考えれば、通常あり得ない話である。しかし、ここは、そんなことはいってはいけない。これが伝説なのである。そして、名工甚五郎が魂を込めて（打ち込んで）彫り上げたものには、魂が宿るものなのであるという伝説（図式）も用意されているのである。

「三井の大黒」では、江戸に入った甚五郎は、大工《だいく》の棟梁《とうりょう》政五郎に弟子入りの形で厄介《やっかい》になる。仕事をさせてみると、下見板《したみいた》を削って水を付け二枚合わせると、もう剝がれないという神業《かみわざ》は見せるが、何をやらせても丁寧《ていねい》すぎ時間もかかると政五郎は文句ばかりである。困った政五郎は、彼に彫り物をすることをすすめる。甚五郎は、折から三井家から依頼のあった大黒天の彫り物を手がけることとなる（前述の「竹の水仙」参照）。甚五郎は、時間をたっぷりとかけて、大きな一体の大黒像を彫り上げる。三井家が像を受け取りに来たことで、やっと政五郎はこの人物が名工左甚五郎であることに気が付き、政五郎はその事実に驚く。甚五郎の大黒像の出来に喜んだ三井家は、先に政五郎に渡した手付けの三十両を除いた残金七十両を支払った。甚五郎は、このうち五十両を政五郎に渡すのであった。三井家には運慶作の恵比須像があり、「商いは　濡《ぬ》れ手で粟《あわ》の　一摑《ひとつか》み」という墨書があることを聞き、添える自作の大黒像には下の句として「守らせたまえ　二つ神達」と記すのである。

「竹の水仙」に比べると、内容的には彫り上げたものに生命が宿るような、荒唐無稽《こうとうむけい》なものではなく、しごく自然な、さもあらんといったようなものになっている。ただ、政五郎が、彫り上がった大黒を見たときに、目が動いたり、語りかけられたような錯覚に陥る描写があるが、それもここでは押さえ気味に演出された噺になっている。下見板を上手に削った双方がくっついて離れないというのは、今でも大工さんの腕の立つ人のたとえに語られるものであろう。

豪商三井家

大黒像を注文する三井家は、伊勢松阪からでた豪商で、三井高利《たかとし》（元和八年〔一六二二〕―元禄七年〔一六九四〕）の代に江戸と京都に進出し、越後屋《えちごや》の屋号で呉服店を開く。西陣などの織屋に対し前貸金で仕入れ、店舗では有名な「現金掛け値なし」をうたい、当時、掛売りが基本の商形態から、薄利多売に徹した新商法で成功する。その後、両替商を開き、幕府の御為替《おかわせ》御用となったほか、諸藩の為替用達《ようたし》も任され、豪商の名に相応《ふさわ》しい活動を行なっていた。江戸駿河町に越後屋が店舗を置くのが天和三年〔一六八三〕であり、史実で語れば、この甚五郎相当の高齢ということになるが、これもこれ以上追及せずにおこう。

さて、三井家にある運慶作の恵比須像であるが、運慶の説明も不要と思える知名度の高い仏師というのも、実は考えさせられる組み合わせである。左甚五郎は、実在の人物か否かは不明で、いちおう、伝説上の名工とされるが、運慶は実在の仏師であり、確認される

図５　江戸駿河町の越後屋（鳥居清長筆、三井文庫所蔵）

作品も数多く残っている。運慶は、平安末から鎌倉時代に活躍しているが、甚五郎の時期から五百年も年代が遡《さかのぼ》る。とはいうものの、あくまで一般庶民の知識ということでいくと、実は、この間に彫刻で名前が知られる人物・作品が少ない。実際は、仏教彫刻や建築彫刻も行われているし、能楽の面なども制作され、それぞれ名をなす工人もあったのだが、高名となると一気に運慶および同派の快慶《かいけい》にまで遡らざるを得ないのである。おそらく、この噺は幕末〜明治の成立と考えられ、彫刻の名工を揃えるようなことになると、こうせざるを得なかったのであろう。

運慶は、東大寺南大門の巨大な金剛《こんごう》力《りき》士《し》像《ぞう》（運慶と彼の工房作）など東大寺の再興の功績から、仏師の最高位「法印《ほういん》」にまでなった仏師であり、彼の様式が長く日本の彫刻の規範とされる人物である。彼の作になる写実的な表現によりなされた諸像は、それゆえに見る者（拝する者）との距離は縮まり、親しみを持って接することができたのではないだろうか。

甚五郎の作品との共通性を求めれば、こんなところがあげられるであろう。実際には、運慶は仏像彫刻、甚五郎は建築の装飾彫刻と、同じ彫刻に携わっていても、同じ土俵にあげ、語ることはないはずである。ここも、前述同様に、追及するだけ野暮《やぼ》になろう。

噺は、今も残る三井の大黒としめるが、それにあたるようなものは、三井家の資料を保管する三井文庫でも特定はできないそうである。また、三井の大黒の写しといわれるものも巷間《こうかん》複数存在する。確かに三井家では、商売の神として大黒天を信仰し、祀っていたという。ただ、甚五郎作とはいえないが、木彫で小振りの大黒天像が三井文庫にあり、その複製のような形で焼き物で制作した大黒を配りものにしたこともあったようだ。時に存在する三井の大黒の写しと称するのはこれにあたるものではなかろうか。

奥州の甚五郎
——「鼠屋」の鼠

もう一つの「ねずみ」は、甚五郎が江戸から離れ、奥州は松島を見ようと仙台に宿を取るところから始まる。道を挟んで大きな「虎屋」と小さないかにも貧乏旅籠《びんぼうはたご》の「鼠屋《ねずみや》」があり、甚五郎は、一生懸命に泊まることを願う鼠屋の卯之吉《うのきち》に従い、そこに宿泊する。鼠屋の主人は、卯之吉の父親で卯兵衛《うへえ》といい、もとは向かいの虎屋の主人であったが、女中頭を後添《のちぞ》えにしたら、番頭と結託《けつたく》し店を乗っ取られ、階段から転げ落ち、腰が立たなくなってしまったという。友人の世話で物置小屋を旅籠にして、小さいながらも、いつかは虎屋を取り戻すのだと倅《せがれ》卯之吉は甲斐甲斐《かいがい》しく働くのであった。これを聞いた甚五郎は、親子を不憫《ふびん》と思い、ここでまた一匹の鼠を彫り上げ、たらいに網《あみ》を掛けた中に置き、「福鼠」と銘名し、甚五郎は宿を出立する。やがて、この甚五郎の鼠は動きだし、それが評判となり鼠屋は大繁盛、大きな宿となる。客をすっかり奪われた虎屋は策を弄し、仙台一といわれる彫物師飯田丹下《いいだたんげ》にたのみ虎を彫ってもらい、これを道に面した店の二階に置いた。ちょうど、鼠屋の鼠を上から睨《にら》みつけるようなものになった。とたんに、鼠は動かなくなった。卯兵衛は、悔《くや》しがり、怒りのあまり立たなかった腰が立つ。そして、江戸の甚五郎に「あたしの腰がたちました。鼠の腰が抜けました」と手紙を送る。江戸で手紙を受け取った甚五郎は、大工の棟梁《とうりよう》政五郎の倅（二代目）を伴い、再び鼠屋を訪れる。二人で向かいの虎を見てみるが、たいしたできのものではない。甚五郎が鼠に「どうして、あんな虎が怖いんだ」と聞くと、鼠曰《いわ》く「え！　あれ虎ですか。あたしは猫だと思った」で落ちとなる。

他の噺と異なるのは、敵役《かたきやく》の存在であろう。これにより、甚五郎の行いが際立つのである。敵役飯田丹下がどのような人物なのかは、実在かどうかも含めわからない。噺の中では、かつて甚五郎と腕を争い、三代将軍家光の御前で「三蓋松《さんがいまつ》に鷹《たか》」をともに彫り上げるが、甚五郎に軍配はあがり、日本一の彫物師のお墨付きを奪われた恨《うら》みを持つ者とされている。その後は、仙台伊達家のお抱えとなり、仙台一と名乗っているのである。仙台一といわれるが、実は東北地方は木彫はそれほど盛んではない。たとえば仙台や秋田の箪笥《たんす》は有名であるし、轆轤細工《ろくろざいく》や樺細工《かばざいく》など、江戸時代から盛んな木工芸も少なくない。しかし、いずれも指物《さしもの》や木挽《こびき》仕事（山林業の余技的な色合いが濃い工芸）の範疇《はんちゅう》をでないものであろう。もちろん味わい深い伝統工芸として現在でも評価は高いものであるが、甚五郎が行なったような装飾彫刻とは、やや傾向を異とするものであろう。

三木助と左甚五郎

この三題の甚五郎を主人公とした噺は、先にも記したが、講談、浪曲から落語に移植したもので、「能ある鷹《たか》は爪《つめ》を隠す」系の凡人変じて、極度にすぐれた人物が露見すると、周囲の扱いも変化するといったものや、神業から生じる奇譚《きたん》というものが用意されたり、基本的に勧善懲悪《かんぜんちょうあく》が示されたりなど、江戸時代の落語というよりは、明治の香りがただようものとして見てよかろう。聞いたところによれば、「ねずみ」は、三代目桂三木助《かつらみきすけ》が浪曲師の広沢菊春の演目を、自分の「加賀の千代」と交換してまでして演出したものといわれる。

私事であるが、イメージとしては、甚五郎ものは先代（三代目）の桂三木助の高座が一番はまっていたように思える。「三井の大黒」は彼の「芝浜《しばはま》」と並び、十八番としてよく高座にかけた噺で、亡くなる直前の最後の高座も「三井の大黒」であったことは知られている。三木助の大成するまでのさまざまな経歴、特に博打《ばくちう》打ち時代にあったであろう、切ったはったの命がけの生活などが染《し》みついてか、後の三木助は、物静かで、じっくりとした噺を得意とし、演出に起伏はないが迫力が感じられたものである。だからこそ、甚五郎もののような、凄腕《すごうで》の技術を持つ職人でありながら、それをひけらかさず、みずから名乗ることもせず、アウトローの影をちらつかせながらも、実はスーパースターという風に、事起これればその凄腕を発揮するといった主人公が登場する噺の適任者であったと思う。

最後に、この三つの左甚五郎噺のうち二つは、彼の手になる作品は、それに命が宿り、成長したり、動くようになるという設定が用意されている。これに類する艶笑小噺《えんしょうこばなし》に、左甚五郎作になる張形《はりがた》により娘が妊娠するというものまで存在する。みずから彫り上げたものに生命を宿らせることができる甚五郎であれば、こんなことも可能であったろう。

「居残り佐平次」——換金可能なたばこ入れ

「居残り佐平次」と品川宿

「居残《いのこ》り佐平次《さへいじ》」は、品川を舞台とした噺《はなし》で、廓噺《くるわばなし》に分類されるものである。品川は、江戸から京都までの東海道五十三次の最初の宿場であり、江戸湾の海岸線に面し、道の両側に旅籠《はたご》・茶屋が軒を並べ、賑わっていた。まだ、江戸とはいえ、街道最初の宿場として旅人のほか、日本橋から芝を経て、一緒についてきた見送りや、江戸市中からの遊山客《ゆさんきやく》が多く訪れた。しかし、見送りもここで別れ、いよいよ品川から本当の旅が始まったといわれる。

現在の旧東海道品川宿は、国道をはずれた側道的な感じで、とても往時を偲《しの》べるものではなくなってしまった。かつては立地が海に近いことや、宿の設備が比較的よいものが多かったこともあり、気分転換や保養と称して訪れる者も少なくなかった。そのために、海側の宿で、海に面した部屋は人気があり、その眺望は評判でもあった。開放的な雰囲気と江戸前の海産物を中心とした食事に人気があった。とはいうものの、品川は吉原に次ぐ遊里でもあり、品川までの見送りや品川泊まりの客のお目当てはおして知るべしであった。

幕末期の品川宿の旅籠約百軒には千人ほどの飯盛女《めしもりおんな》がいたが、飯盛女とは名ばかりで遊女の代わりとして客の相手をした。吉原が唯一の幕府公認の遊廓《ゆうかく》であり、それゆえに品川は岡場所ということになるが、ほぼ公認に近い扱いであり、吉原と比べられることが多かった。吉原が江戸城の北の方角にあったことにより「北（きた）」と呼ばれたのに対し、品川は南の方角ゆえ「南（みなみ）」と呼ばれた。海に近く、開放的雰囲気であり、施設の良さに加え料金が吉原より安かったなど、吉原に次ぐ人気があった。

落語の「居残り佐平次」は、胸を患っているという佐平次が、遊び仲間と連れだち品川の遊所で上客然とふるまい、無銭飲食のあげく仲間は帰し、みずから居残り（友人の金の工面を待つというういいわけで）をはじめる。やがて、如才《じょさい》なく遊所のきりもりをはじめ、幇《ほう》間《かん》よろしく、座持ちが良いのでご祝儀《しゅうぎ》が自然とたまりだす。ついには、はじめは喜んでいた主人も、祝儀にあぶれた店の若い衆たちの訴えを聞き入れ、金に着物を付けて佐平次に出ていってもらう。しかし、この男、ほうぼうの廓で同様の居残りをして金をせしめていたことが判明するというもの。この噺は江戸後期に初代春風亭柳枝《しゅんぷうていりゅうし》が、作り上げたといわれる。また、「佐平次」というのが、芝居の裏方の符丁《ふちょう》（隠語《いんご》のような、その世界のみで通用する言葉）では、おしゃべり・ごまかし・空手形などの意味を含んだもので、転じて、口のうまい奴のことも指すという。なるほど、この噺に登場する佐平次にすべてが当

図6　浮世絵に描かれた品川宿（鳥居清長「美南見十二候」より、たばこと塩の博物館所蔵）

てはまるから実に興味深い。

佐平次たちは、芸者衆を呼び、ふんだんに酒《さけ》肴《さかな》が運ばれ、どんちゃん騒ぎとなる。夜も更《ふ》けて「お引け（客が宴席から個々に遊女と部屋に移動する）」という時に、割り前一人一両（一円）を集め、その金を自分の母親に当座の暮らしに使うよう渡してくれと連れに託す。つづいて、持参のたばこ入れを「……足りなかったらな、このたばこ入れを持っていって（質屋の）番頭に見せると、いつものとおりむこうでつける（金を貸す）から、それでなんとかつないどいてくれ……」と連れに託すのである。単なる喫煙具である、たばこ入れがなんで質草になり、それも、暮らしの足しになる程度の金額になるというのも不思議な話であろう。実は、これは、江戸～明治期のたばこ入れがどのようなものであったかを理解していないと筋が通らない。

たばこ入れ登場——装飾品としてのたばこ入れ

たばこ入れは、たばこが日本に伝来し、喫煙の流行と定着により、喫煙具類をまとめて所持携帯《しょじけいたい》するためのものとして登場する。はじめは、火打袋《ひうちぶくろ》や巾着《きんちゃく》などの前からあった袋物《ふくろもの》を転用するのであるが、さらに、喫煙に便利の良いように工夫され、転用から、それのみの用途のものが作られるようになる。さらに、たばこ入れは、喫煙具以外にもう一つ付加価値が与えられ、そのためさまざまな創意工夫や素材の選ばれ方がなされた。江戸中期以降は、たばこ入れの発達が他の袋物に影響を与え、たばこ入れを抜きにその後の袋物の歴史を語れぬほど重要なものとなった。では、喫煙具以外のもう一つの付加価値とは何であろうか。それは、さまざまな規制が加えられていた江戸の庶民（男性）の腰回りを飾る唯一の装身具として用いられていたこと、つまり、アクセサリーでもあった、ということである。喫煙のための道具として、また、装身具として用いられる二面性こそ、たばこ入れが持つ特性でもあった。

古来より、洋の東西を問わず、人間はみずからを飾りたいという欲望を持ち続けており、当然、江戸時代の庶民においても同様であった。しかし、彼らは、士農工商の身分制度と明治にいたるまで出され続けた奢侈禁令《しゃしきんれい》により、表向きは質素にすることを余儀なくされた。だが、元禄以降、町人の力が増し、経済力がつくと、彼らは禁令をかいくぐり、身を飾る欲望を満たしていった。目につかないところを豪華にし、実用品の名と形を借りて装身具を身に付けるなど、可能な範囲で身を飾ったのである。たとえば、女性の髪飾りは、結髪《けつぱつ》のための実用品として、またたばこ入れも、喫煙という日常生活に欠かせない実用品という名目で、少しずつ手が加えられていった。そして、ひとたび禁令が厳しくなると、簪《かんざし》に耳掻きを付けたり、たばこ入れの見えがかりを質素にし、内側に高価な素材を用いるなど為政者の目をごまかした。このように、江戸時代の庶民の装身具は、現代の指輪やネックレスなどのように装身具のみとして存在したものではなく、実用品としての面を持たせたものであった。見方を変えれば、これらの物は、装飾感覚とともに、江戸の庶民の知恵の一面をもわれわれに伝えてくれる。

たばこ入れが装身具に選択された原因に、庶民の為政者である武士に対する対抗意識が働いていたことは想像に難くない。為政者たる

刀剣とたばこ入れ

武士（庶民に対し奢侈禁令で取り締まる側）は、彼らの象徴である大小の刀を腰に差し、加えて印籠《いんろう》などが腰周りを飾っていた。刀も印籠も本来は、身を守る武器と薬や小物を携帯するための実用品である。しかし、太平の世が続くとともに実用以外にさまざまに装飾されていた。つまり、これらは、武士の腰周りを飾る装身具になっていったのである。そして、それは装身具の存在理由の一つである富や力を装身具に象徴させ誇示する目的を十分に果たしていた。刀などは、武士の常として腰にたばさむが、刀としてではなく、むしろ装身具として使用されていた。このために、装剣《そうけん》（刀剣の装飾）を生業とする商人・職人が多く存在していたし、装剣のためのマニュアルとして天明元年（一七八一）出版された

『装剣奇賞《そうけんきしょう》』などの存在がそれを証明している。ともあれ大小・印籠などを見せつけられていた庶民は、それに対抗する形として、あるいは代わるものとして、同じように腰周りに提げるたばこ入れを受け入れ、武士とは異なる彼らの感覚で装身具としての機能を付加し充実させたのであろう。

このようなことで見直してみると、武士の所持する刀剣や印籠と、庶民のたばこ入れはいろいろなところで共通点が見られる。これは、武士の持ち物を、たばこ入れに見立て、模倣したからではないかと思われるのである。ともに本来、実用品であるものに装飾性を加え、装身具的に用いられている。全体的には、実用に不要な加飾がなされたり、高価な素材が用いられる点、装剣の拵《こしらえ》とたばこ入れ各部（装剣の金具類がたばこ入れに転用される場合も多い）を使用した意匠《いしょう》の見立などの装飾傾向の共通性、腰に提げる（根付《ねつけ》を利用した印籠と提げるたばこ入れ）、差す（大小と腰差たばこ入れ、鞘《さや》と筒）などの携帯方の共通性などがあげられよう。刀剣や印籠の形状・形態・装飾の傾向などを模倣し工夫した結果が、たばこ入れの諸相に現れているのであろう。

たばこ入れの装飾性

たばこ入れの装飾（加飾）には、どのような傾向と特色があったのだろうか。装身具として用いられた物だからか、素材に凝るのはもちろんのこと、素材を生かした細工とその組み合わせが多く見られる。より良い素材を選び、それに細工を加え、それぞれに一つ筋の通った意匠でまとめるなどがなされ、この感覚（見立）の善し悪しは、たばこ入れの完成度に如実に反映した。たとえば季節でまとめたり、古典や逸話の物語に関連あるものでまとめたり、自分の干支《えと》、吉祥文《きっしょうもん》（含縁起物）などがよく見られる。また、当時の庶民感覚に大きな影響を持っていた戯作精神《げさくせいしん》が発揮された「うがち」の立場で考えられた一捻《ひとひね》りも二捻《ふたひね》りもしてある意匠や、独特な諧謔性《かいぎゃくせい》溢れるものなども多く見られる。このようなものは、庶民の装身具たるたばこ入れの装飾の特色ともいえよう。

たばこ入れは実に多くの素材の組み合わせからできている。たばこをいれる袋（叺《かます》）は皮革類・布地・織物・紙・木など、金具類や緒締《おじめ》は貴金属・貴石・貝など、提緒《さげお》は組紐《くみひも》・鎖《くさり》など、筒や根付は皮革類・布地・織物・紙・木・骨・象牙《ぞうげ》・貴金属・貴石・貝など代表的なものでもまだ足りないほどである。このような構成要素に多くの素材から適宜《てきぎ》組み合わせ、加えて、それぞれに職人の巧みの技により加飾がなされる。それを用いて、筋の通った組み合わせにより造られたたばこ入れは、装身具としてかなり高度なものといえよう。もちろん、すべてのたばこ入れがこのようなことで制作されているわけではない。たばこ入れは、装身具以前に喫煙具（道具）であるし、当然ながら機能だけを求めたもののほうが多く制作されている。

喫煙具としての機能も兼ね備え、装身具として用いられたたばこ入れの存在は、決して通常のたばこ入れと同じものとして語られるものではなく、工芸的評価を与えなくてはいけないものであろう。特に、奢侈禁令がなくなった明治以降のたばこ入れは、江戸の傾向・好みを踏襲しつつ、いっそう装身具的なものとなる。加えて、装剣にたずさわっていた各種の職人たちが、廃刀令後、袋物の制作に仕事を得ていたことも、たばこ入れを充実した装飾性豊かなものとした。江戸時代よりも明治にたばこ入れの名品が多いのは、このような理由によるものである。袋物商は、たばこ入れを主力商品として扱い、昭和十年代までは、花形商品であった。しかし、その後の生活様式の変化により、刻みたばこより紙巻きたばこが主流となり、また、着物が着用されることが少なくなるなど、たばこ入れを使用する環境が少なくなったことから、日常生活からしだいにその姿を消していったのである。同様に、先ほどまで例に挙げていた女性の櫛簪《くしかんざし》なども結髪・髪形の変化から、同じ道を同時代にたどるのである。まさに、江戸の装身具は、「着物」のための装身具であったということになろう。

蓄財としてのたばこ入れ

また、装身具には蓄財という存在理由もある。これは、かつて銀行などの金融機関が存在しない、あるいは未発達であったころ、蓄財の対象として、貴金属・宝石、珍しい輸入素材、名人名工の手による加飾など、換金可能なもので誂《あつら》えた装身具が作られたということである。佐平次の所持していたたばこ入れは、さぞやよい素材を用い、素晴らしい細工がなされていたものであろう。だからこそ、質屋の番頭との阿吽《あうん》の呼吸で換金可能であったのである。さて、佐平次は、金がないということが露見すると、みずから行灯部屋《あんどんべや》に入る。ここで、籠城《ろうじょう》するのに欠かせぬものとして、佐平次は、たばこ盆ときせるを如才《じょさい》なく運び入れる。物置のような殺風景な部屋で過ごすため、たばこ道具は、不可欠なものであったのだろう。あるいは、これに遊女から懐紙《かいし》をもらい、これで紙縒《こより》を作って、脂《やに》が詰まったきせるの掃除をするなどの演出が加わったりする。この噺は、江戸後期の噺家初代春風亭柳枝の作とされ、噺家により、さまざまな脚色がなされている。一例として、三遊亭円生《さんゆうていえんしょう》は、この「居残り佐平次」の時代設定を明治に入ってからのものとし、新聞紙を折り畳んでたばこ入れをつくり、それに一杯刻みたばこを詰め、花魁《おいらん》から悪いきせるを一本借り、袂《たもと》にはマッチが二箱入れてある、という演出であった。新聞紙・マッチなど、江戸時代ではあり得ない小道具が、明治という新しい時代を感じさせるものであったろうが、現在では、それすら古めかしさを感じさせるようになった。

『幕末太陽伝』

話は少々脇道に逸《そ》れるが、川島雄三監督作品『幕末太陽伝』（昭和三十二年〈一九五七〉）は、文久二年（一八六二）末、品川の有名な旅籠土蔵《どぞう》相模《さがみ》を舞台に、「居残り佐平次」「品川心中」「三枚起請《さんまいきしょう》」「お見立《みたて》」など複数の廓噺を中心とした落語をベースとし、幕末のエネルギッシュな動向を描いた傑作喜劇として知られる。夭折《ようせつ》した天才川島雄三監督の代表作であり、佐平次を演じたフランキー堺の熱演が印象的であった。題名にある「太陽伝」は、当時流行していた「太陽族」を取り入れたもので、ゆえに日活の看板青春スターで元祖太陽族である石原裕次郎が、一方の主役高杉晋作を演じ、小林旭・二谷英明ら日活オールキャストで、当時の太陽族にだぶらせ描いた作品だった。風俗考証は木村荘八、資料協力に安藤鶴夫と宮尾しげをが名前を連ねている。落語評論の大家であった安鶴《あんつる》こと安藤鶴夫や、漫画家で芸能・演芸史に造詣《ぞうけい》深い宮尾しげをの両氏が資料協力に名を連ねているのも、この作品が落語をベースとしている作品ならではのことであろう。

本作品については、幕末のエネルギッシュな群像描写を、戦後の日本の経済成長と重ねた説明がよくなされるが、実は本作品の公開は、その後の岩戸景気から東京オリンピックを経て発達した高度成長期の直前の時期であり、撮影中はまさに、不景気のまっただ中の景気低迷期であった。鬱積《うっせき》した不景気の影を笑いで吹き飛ばした作品というほうが正しい評価といえるのではないだろうか。

あばたと疱瘡

この作品では、佐平次を演じたフランキー堺の熱演もさることながら、私個人は、「品川心中」の哀れな役どころ本屋（貸本屋）の金蔵役の小沢昭一の怪演が印象的であった。遊女からふだんは「金さん」とか「金ちゃん」と愛称で呼ばれているが、ひどいもので本人不在の所では、「あば金」と呼び方が変わる。あばた（痘痕顔）の金蔵ということであろう。痘痕《あばた》は、疱瘡《ほうそう》の瘡《かさ》の跡であり、不幸中の幸いで命拾いはしたものの、顔に痘痕が残りあだ名にされてしまっている。

疱瘡は天然痘のことであり、ジェンナーの種痘による予防が普及するまで、全世界に蔓延《まんえん》した疫病・難病であった（現在では、WHOにより根絶が報告されている）。疱瘡は日本でも江戸時代をとおして蔓延しており、時期的・地域的な流行が繰り返されていた。疱瘡に罹《かか》ると高熱を発し、全身に潰瘍《かいよう》から瘡が生じる。死亡率は高いが、なんとか一命を取りとめても、瘡痕が残るため男女とも後の人生を精神的苦痛をともなって過ごさねばならなかった。特に子どもは、病気に罹りやすく、また体力的にも弱いことから、さらに死亡率が高かった。そして、助かったにせよ、痘痕顔という精神的苦痛をともなった人生をより長く過ごさなくてはならなかった。そのため、親は疱瘡に罹らないように、また、罹患《りかん》しても軽く済むようにとの願いを込めて「赤絵《あかえ》（疱瘡絵）」を求めて子どもに与えていた（同じく江戸時代には、生死に関わり痘痕が残るということでは、麻疹《ましん》（はしか）も恐れられた病気であり、疱瘡同様に大流行が繰り返された）。当時赤い色には疱瘡が軽くなるという民間信仰があり、疱瘡避けや軽い治癒《ちゆ》を願うために赤い寝具や寝間着・衣類・玩具などが用いられていた。また、中国で疫病が流行した時に玄宗皇帝が夢に現れた鍾馗《しょうき》（もともと辟邪《へきじゃ》の武神という信仰がある）の姿を描き配布したという故事にならい、赤色の鍾馗像の一枚絵が制作され販売されていた。その他、八丈島で疫神を退治したと伝えられる源《みなもとの》為朝《ためとも》（鎮西八郎《ちんぜいはちろう》。この伝承から戸口に「鎮西八郎為朝御宿」と記された札も貼られた）や達磨《だるま》・木菟《みみずく》・犬・でんでん太鼓（いずれも張子《はりこ》で軽いことから病が軽くすむ、達磨のように倒れても早く起きるという願い）、和藤内《わとうない》・獅子《しし》（その力強さ・生命力）などが赤一色の絵として描か

図７　赤絵（疱瘡絵、国立歴史民俗博物館所蔵）

れた。これらの絵の多くは、浮世絵師が描き、通常の浮世絵版画と同じ制作・流通経路をとり販売されていた。親にしてみれば藁《わら》にもすがる切実なことであるが、販売する版元は、これにより利益をあげていたのであり、人の弱みにつけ込んだ商売という感もないことはない。同様な例として、浅草の淡島《あわしま》で売り出した菓子「軽焼《かるやき》」の袋や包装紙に赤絵が摺られ、病気見舞いにと買い求める人で大変な賑わいであったという。これも、軽焼の名から病気が軽くなるようにとの願いを語呂《ごろ》に求めたものであったのだろう。落語には、疱瘡の噺はあまりないが、「遠山政談」に疱瘡になって痘痕が残った女性が、さらに大火傷をして容貌を害した噺が語られる。

最後に、横道にそれたついでに、この『幕末太陽伝』の冒頭部分で、当時（昭和三十二年）の旧品川宿の映像が加藤武のナレーションでドキュメンタリー風に紹介される。まさにその翌年の昭和三十三年四月の売春防止法施行前の貴重な特飲街《とくいんがい》の記録でもあり、また、旧東海道の品川宿の名残を偲ばせる貴重な映像でもある。現在では完全に姿を消してしまった土蔵相模をはじめとする旧旅籠の建物の姿などを、わずか数分ではあるが、見られるのもありがたい。東海道新幹線の品川駅も開業され、周辺の開発が一層進む今後の事を思えば、この映像や「居残り佐平次」に出てくる品川宿の様子は、今後さらに消えていくのであろう。

落語に登場する工芸はこれぐらいにして、次章は、絵画作品がどのように噺の中に登場するかを見ていくこととしよう。

落語の中の絵画

「雁風呂」――土佐光信の屏風

浮世絵と大和絵

落語の中から、絵画作品が登場する噺《はなし》を探すと、何といっても一番登場するのは浮世絵であろう。庶民絵画であった浮世絵が、庶民生活を多く描写した落語に登場するのは、当然といえば当然なことであろう（浮世絵に関しては次章で詳しく述べたい）。そして、徳川家の御用絵師であった狩野《かのう》派の作品や絵師が登場する噺がごく少ない。といって、大和絵系の土佐派が多いかというと、次に説明する「雁風《がんぶ》呂《ろ》」の他は、これもあまり例がない。むしろ応挙をはじめとする四条円山派や諸派兼学の谷文晁《たにぶんちょう》などのほうが登場例が見られるが、この傾向は、庶民一般の知識の範疇《はんちゅう》か否かが、そのまま現れたと考えてよかろう。では、どのように登場するか、大和絵の土佐光信《とさみつのぶ》が登場する「雁風呂」から見ていくことにしよう。

「雁風呂」とは

「雁風呂」という落語は、あまり寄席の高座には掛からない噺である。私も「円生百席《えんしょう》」の録音のほか、数回しか耳にしていない。円生自身も、雁風呂は難しい噺であり、ふだんは自分もあまりやらず、品のいい処《ところ》（ホールとか独演会）でなければだめな噺といっている。確かに、淡々と噺が進むもので、じっくりと落語を理解しているような人が好むものであろうか、ある種、客を選ぶ噺なのかもしれない。

内容は、水戸黄門で知られる徳川光圀《みつくに》が、隠居して公務を離れ、右筆《ゆうひつ》と用人に小姓《こしょう》を連れて東海道を旅し、遠州は掛川宿に入ったところの茶屋で昼食をとる。その茶屋には、鄙《ひな》には稀《まれ》な上手《じょうて》の屏風《びょうぶ》があり、光圀が思わず見とれ、

「ほう、これはまた珍しき……、かかる家にはふさわしからぬ屏風じゃ。筆勢が土佐派じゃの、土佐派も将監《しょうげん》と見たがどうじゃ」

「はっ、お目利《めき》き、恐れ入りましたことで……光信にございます」

「ふぅん、よう描くのう。余は将監の画は特に好むが、うぅん……実に描いたるものとは思われぬ……あぁよう描いてある。はぁ、松に雁《かり》じゃな……松ならば鶴、葦に雁を描くべき……将監ほどの者が絵空事《えそらごと》は描きおるまいが、松に雁というこの画の意味

を存じおる者があるか？　どうじゃ？」

と、この不思議な屛風の絵について周囲に問うが、店の者も供の者も答えられないでいた。そこに、上方訛《かみがたなま》りの二人の旅人が来て、同じように昼食をとり、たばこを一服していると、奥の屛風に気がつき、主人らしきものが「ええもんがある」と屛風に近寄り、供の者に、この絵が何を描いたものかを問う。

「判るか言うて、あのくらいのものは判りますがな。雁風呂だっしゃろ」

「えらいなぁ、さすがおまえやな、一目で雁風呂と見たな、しかも将監。ほんまもんや、あれ」

この絵は松に雁という組み合わせから、絵の評判が悪く、松なら鶴でなければならないという人がいる。せっかく苦労した将監もかわいそうだと話す。さらに二本差しの武士でわからない者が多いのにあきれると、悪態《あくたい》めいたことまでいう。光圀は、この二人を呼び、「松に雁」の絵解きをさせることにする。この絵は、土佐光信が心を込めて描いたもので、日本を遠く離れた常盤《ときわ》という国から、秋に雁が日本に渡ってくる。雁は常盤を立つときに、柴《しば》を一本口にくわえて、途中くたびれた時に、海に柴を落とし、それに止まって羽根を休め、また飛ぶときに柴をくわえていくという。はるばる日本にたどり着き、函館の浜辺にある一木《いちき》の松というところに、その柴を捨てていく。土地の人たちは、その松の側にある柴は、また雁が帰るときに必要だろうと、手を付けずに置く。やがて、雁が常盤にもどる春に、再び、ここから柴をくわえて飛び立つが、その後もそこには柴が沢山残っている。これはその分、日本にいる間に雁が死んだことを意味し、人々が憐《あわ》れんで、その柴を集めて風呂を焚く。そして、旅で難渋している人や修行者などに、風呂と食事を振る舞い、一夜の宿を与えて、翌日金を与えて旅出させるという形で、死んだ雁の供養をする。これを雁風呂といい、まさしく松に雁を描いたこの屏風は、函館の雁風呂を描いたもので、しかもこれは一双のうちの片隻で、もう片隻には函館の天守と紀貫之《きのつらゆき》の「秋は来て　春帰りゆく雁《かりがね》の　羽がい休めぬ　函館の松」の和歌が記されているはずで、一双にて函館の雁風呂を表します――と的確な絵解きをする。光圀が、これだけのことを知っている主従は、ただ者ではないと、まずみずから、徳川光圀であることを名乗り、相手の名前を聞くと、大坂の豪商淀屋辰五郎《よどやたつごろう》の子どもであることがわかる。先代淀屋が奢侈《しゃし》にふけったため取りつぶしになっており、先代が柳沢美濃守《やなぎさわみののかみ》に用立てた三千両が戻らないため、江戸にこれからお願いに行くところだということもわかる。光圀が右筆に命じて、柳沢が下げ渡しなきときは、水戸上屋敷にて用立てる金子《きんす》下げ渡しの目録を書かせ、絵解きの礼と淀屋に渡す。

ここで光圀と別れた後、従者が、「雁風呂の話一つで三千両とは高い雁《かりがね》（借金）ですな」、淀屋が「そのはずじゃ。貸金《かしがね》を取りに行くのじゃ」で落ちとなる。

水戸黄門　この噺の主人公でもある徳川光圀（寛永五年〔一六二八〕―元禄十三年〔一七〇〇〕、俗に水戸黄門）は、藩政草創期の重責を担い、社寺の復興などの宗教制度の是正《ぜせい》、勧農政策《かんのうせいさく》、藩士の規律・士風を高めるなど後の水戸学の精神の基礎を固めた名君であったといわれる。また、『大日本史』の編纂《へんさん》事業（没後完結）を行なったことでも知られる。将軍補佐の副将軍と位置付けられ、それゆえ副将軍の呼称である「黄門」と呼ばれる。映画やテレビドラマで諸国を旅する姿があまりにも有名だが、これは後年脚色された「水戸黄門漫遊記」を元にした講談などで語られる虚像であり、あのような諸国行脚は行なっていない。しかし、圧制や諸悪を許さない演出は、事実、将軍お目付役として、また、領内に行なった高い政治的手腕の評価があってこそのものともいわれている。

淀屋辰五郎　次に淀屋辰五郎であるが、この辰五郎は淀屋の五代目（落語では初代といっている）になる。初代常安は、豊臣秀吉から淀川の築堤を請け負って財をなし、淀屋を名乗る。その後、徳川家康の御用商人のような形で、大坂中之島の開発を幕府に願い出て、直接中之島に行ける橋を架ける。これが淀屋橋で、現在もその名を残している。淀屋は、代を重ねるごとに青物・魚類の市場を開設したり、米市の開催、海運業、長崎貿易への介入など家業を拡大し、江戸初期の豪商の名に恥じない規模の商人となっていく。しかも、そのほとんどが独占事業の形態を持ち、その存在は幕府にとっても大きな影響を与えていた。ついには、宝永二年（一七〇五）、五代辰五郎のときに、町人でありながら奢侈、華奢《ごうしゃ》に過ぎるとのことからか、幕府より闕所《けっしょ》を言い渡される。闕所とは全財産の没収と所払いであり、大変な重罰が科せられたことになる。どのような贅の尽くし方だったのか、『元正間記』には「家作の美麗たとへて言へき様なし　大書院小書院きん張付金ふすま　勝田仲信の極彩色の四季の耕作絵なり　庭には泉水　立石　唐大和の樹木を植させ　夏座敷と名付けて四間四方四面に雨縁を付て　ひいとろの障子を立　天井も同しひいとろにて張詰　清水をたたへ金魚銀漁を放したる体　天下の御深所にても　是にはいかてか増するへき……」というのだから、幕府も目に余ったのだろう。

しかし、この淀屋の事件を境に、江戸初期の豪商に代わり、地力をつけつつある三井・鴻池《こうのいけ》・住友などの新興商人たちが、淀屋の独占していたものを分け合う形で台頭していくのである。この噺では、闕所となった辰五郎の子どもが、以前に用立てた三千両を返してもらいに江戸に向かう設定となっている。徳川光圀の没年が元禄十三年であるので、淀屋の闕所の五年前にこの世を去っている。言わずもがなであるが、この噺は史実からは逸脱している。とはいうものの、光圀・辰五郎ともに同時代を生きており、創作背景としてはいいところをついているともいえる。

土佐光信

土佐光信（生没年不詳）は、室町初期から十九世紀に至るまで宮廷の絵所《えどころ》を拠点として、伝統的な日本の絵画様式を継承していった画派である土佐派の絵師である。彼の活躍期は室町後期にあたり、室町幕府および公家階層と深く関係を持ちつつ、以前の土佐派から、飛躍的に栄位に導いたことで土佐派中興の祖として知られる。これは、自身の階位にも如実《にょじつ》に現れており、絵所預《えどころあずかり》となった文明元年（一四六九）には、右近将監《うこんしょうげん》（従六位上）に、明応五年（一四九六）には刑部大輔《ぎょうぶだゆう》（従四位下）にまで叙されている。その階位に合わせ、多くの所領を得ている。平安から続く、繊細優美な伝統的大和絵《やまとえ》の画風、流派・工房をとりまとめた。彼の作品は『星光寺縁起絵巻』『北野天神縁起絵巻』『清水寺縁起絵巻』など室町大和絵の傑作と称される絵巻類が現存するほか、広い交友関係から生まれたであろう肖像画の名品も知られる。まさに名手としての評価・名声を得ていたが、しかし、宮廷・幕府を取り巻く絵師の勢力関係では、台頭するかつては門人格でもあった狩野派に押され、自身の後継者がなかなか生まれないなどの苦労もあった。狩野家との縁組みなどを行い、家の永続・発展を願ったが、狩野家がその後の江戸幕府にも重用され、幕末まで栄えたのに対し、一時は、土佐家は狩野家に吸収されるなど、大きな差となってしまった。十七世紀半ばに土佐光起《みつおき》が再び絵所預に復帰するまで長い時間を要した。

さて、光圀らが将監として名指しした土佐光信であるが、実際彼は将監よりもっと上位の大輔まで栄達している。このあたりの呼称に関しては、やや腑《ふ》に落《お》ちない。また、土佐派の絵師で将監の位を得ている者も、光信以外にも複数おり、このような特定絵師を役職で表す言い方が、正しいのかどうかはわからない。

図8　土佐光信画像

雁風呂の風習

屏風の画題である「雁風呂」であるが、これは実際に津軽《つがる》（現在の青森県）外ヶ浜に伝わった風習である。雁供養（がんくよう・かりくよう）とも呼ばれ、春に浜辺に落ちている枝や木片を集めて風呂を焚き、諸人に振る舞ったという。俳句では春の季語としても用いられている。噺の中では函館とされているが、津軽・松前周辺の俗信としてあったとしてもおかしくはない。しかし、実際にこの画題の絵、まして光信でこれを例示することは、残念ながらできない。

柳沢吉保

柳沢美濃守は、徳川五代将軍綱吉の寵愛《ちょうあい》を受けた側用人《そばようにん》で、甲府藩十五万石の領主、老中の上座にまで栄達した柳沢吉保《よしやす》（万治元年〔一六五八〕―正徳四年〔一七一四〕）のことである。綱吉の小姓として、若年から主従関係があり、綱吉の将軍就任とともに幕臣に加わり、時を得て絶大な権力を手にする。宝永六年に綱吉が没し、家宣が六代将軍となると、早々に隠居して、政治の表舞台から姿を消した。東京都内の回遊式庭園《かいゆうしきていえん》として知られる駒込《こまごめ》の六義園《りくぎえん》は、吉保の別荘の庭園であり、数度にわたって綱吉の御成があったところである。吉保は、この六義園で隠居後を過ごし、正徳四年に没している。

この噺、元は水戸黄門の諸国漫遊記を主題とした講談「水戸黄門漫遊記」を、幕末ごろに人情噺に仕立てたものといわれる。単に笑わせるのではなく、淡々と噺をきかせるタイプの落語であり、人情話とはいうものの、親子・男女の情愛豊かなものでもない。それゆえに、前述の円生の言葉に納得させられるのである。虚構の世界に実在の人物と、彼らにまつわる史実や風習を巧妙に組み合わせ、脚色した佳作といえよう。

「応挙の幽霊」——幽霊画といえばなぜ応挙

「応挙の幽霊」とは

円山応挙《まるやまおうきょ》の絵画を主題とした噺《はなし》に「応挙の幽霊」というものがある。

応挙の幽霊画を主題としたもので、成立そのものは、どうやらそんなに古くなく、明治から大正ごろともいわれている。幽霊が登場するといっても、本格的な怪談噺《かいだんばなし》ではなく、真夏の夜に聞いて、涼しくなろうというには不向きな噺でもある。

内容は、ある一人者の道具屋が、市で女性の幽霊を描いた掛軸《かけじく》を仕入れる。その絵は、

「うーん、まったく水が垂れるようだねぇ、いい女だねぇ、こりゃなにかい、だれのだろうねぇ、この描いた人は……」

「ええ、応挙だというんですがね」

「応挙？　これがかい、偽物《ぎぶつ》じゃないのかい、応挙ならたいしたもんだよ……」

と半信半疑ながら、もしや応挙の真筆《しんぴつ》ではないかと思い、掘り出し物になればと期待しての仕入れであった。するとその日の内に、お得意様で目利《めき》きの旦那が、応挙の真筆と認め、高値でのお買い上げとなる。道具屋は、品物を翌日届けることとし、上々の首尾を喜び、その晩、床の間に例の幽霊の軸を掛け、御神酒《おみき》に鰻《うなぎ》を供えて、お下がりを一人手酌でちびちびと呑みはじめる。やがて、部屋の明かりが暗くなり、軸から幽霊が抜け出て、目の前に現れる。びっくりする道具屋に、絵から抜け出てきた女の幽霊は、

「いつも怖がられて、暗いところに仕舞われるのに、あなたはお酒に鰻を供えて手向けてくれた。あまりの嬉《うれ》しさに、お礼にお酌《しゃく》をしに参りました」

という。これに道具屋も喜び、さしつさされつ酔った勢いで、真っ赤な顔になった幽霊は、道具屋の売り物の三味線を手に歌まで歌いはじめ、大騒ぎとなる。ついにお互いへべれけになってしまう。道具屋があきれていると、いつの間にか幽霊は、軸の中に戻っていた。しかし、よく見てみると、赤い顔で肘枕《ひじまくら》をついて横になって寝ているではないか。道具屋が一言、

「明日までに醒めてくれるといいが……」

というもの。登場人物も非常に少なく、しかも淡々と噺が進んでいくもので、後半も荒唐《こうとう》無稽《むけい》な内容ながら、大きな盛り上がりがあるものでもない。噺としては、非常に難しいものであり、高座に掛ける噺家も少ない。

円山応挙と幽霊画

題でもある「応挙」とは、いうまでもなく、円山派の創始者である円山応挙（享保十八年（一七三三）―寛政七年（一七九五））のことである。応挙は石田《いしだ》幽汀《ゆうてい》（鶴沢派の画人）の弟子となり絵を学び、円満院（大津にある門跡寺院）の庇護を受け（後には豪商三井家や宮中などの庇護も受けた）、画業に専念し、写生を重視した装飾的画風を確立した。それは、伝統的な絵画様式を踏襲《とうしゅう》しつつも、個々の描写は客観的な写生を基本に構成され、付立《つけた》て・片ぼかしなど独特の技法で描いたものであった。この応挙の弟子一門や影響を受けた絵師を円山派という。応挙没後、高弟であった呉《ご》春《しゅん》の画流を合わせ、四条円山派などとも総称で呼ばれる。江戸中期以降の代表的絵画流派の祖応挙は、幽霊の絵でも名高く、演題でもある「応挙の幽霊」は、幽霊画を語るときの慣用句のような存在となっている。これは、後世の随筆などの文献に負うところが大きいようだ。たとえば、

幽鬼の図を写せしに　ある婢女《ひじょ》晩景に是を見て気を失いしこと口碑に伝えたり（『近

世名家書画談』（天保十五年）

などは、その写実性の高さをうかがわせる記述であろう。また、

今幽霊といへるものは　足なきもののやうに思へり　しかるに百年已上《いじよう》前描くところの冤魂《えんこん》には　ことごとく足あり　扨《さ》てこの足なき幽霊は　いつ頃より出来しといへるに　こはいと近く　円山応挙よりおこりし也（『松の落葉』）

などは、現在なお、日本の幽霊のステレオタイプともいえる「足のない幽霊」の始まりが応挙の絵というものである。しかし、実際は、寛文に出された本の挿《さ》し絵の幽霊にはすでに足がないことや、それ以降も応挙より早く足のない幽霊の挿し絵が報告されている。あくまで、絵という世界では通常の人間との差異を表現するための工夫として取り入れられたものであろうが、なぜ、応挙がこの祖に祭り上げられたのであろうか。謎ではあるが、その鍵は応挙の描いた幽霊画にあるといえよう。

しかし、この落語の中心である応挙描く幽霊画といわれるものは、いくつか現在伝えられるが落款《らっかん》を有する作品も含め、確実に真筆と特定できるものは存在しない。有名なものでは、白装束《しろしょうぞく》（経帷子《きょうかたびら》）の女性が、右手を軽く懐《ふところ》に差し入れているという半身像であろう。半身像というものの、いずれも画幅が半身で切れているのではなく、腰から下は掻《か》き

消すように処理され、描かれていないものである。国内外で数点の類品が知られる、典型的応挙の幽霊像であろう。残念なことは、いずれもなかなか実物を見る機会がないことである。ただ、限られた期間ではあるが、定期的に見ることが可能なのは、東京谷中《やなか》の全生《ぜんしょう》庵《あん》所蔵の一点であろう。

全生庵の幽霊画

全生庵（普門山全生庵。山岡鉄舟《やまおかてつしゅう》を開祖とする臨済宗の寺院）には、近代落語の祖三遊亭円朝《さんゆうていえんちょう》の墓所がある（開祖として鉄舟の墓所も同じく全生庵の同じ墓地にある）。円朝は鉄舟の知遇を受け、彼に心酔し禅宗に帰依《きえ》、「無舌《むぜつ》居士《こじ》」と号し修業に励んだ。そして彼は、全生庵に葬られ、命日である八月十一日は「円《えん》朝忌《ちょうき》」として落語協会・落語芸術協会に属する噺家や寄席関係者が集まり、法要や奉納落語が行われる。現在では、この日を含む八月一日から三十一日までを「円朝まつり」とし商店街が賑《にぎ》わう。この期間に、全生庵では、円朝が生前百幅《ふく》収集したといわれる幽霊画（全五十幅。ただしすべてが円朝旧蔵ではなく、およそ四十幅がそれにあたるという）が本堂横の展示室に飾られ、見学することができる。私も何度かこの時期に通ったが、地下鉄の駅から三崎坂をのぼり体中から汗を滴らせて拝見した記憶がある。そんなに広くない展示室は、二、三十人も入れば、身動きがとれない。

この会場では、円朝旧蔵、伝応挙筆のステレオタイプの足のない幽霊画を見ることができる。この図は、透明感がある陰影を衣服や顔に施してあるところが、乱れ髪と相まって凄味《すごみ》を覚える作品である。このほかにも、江戸後期から明治にかけての絵師・画家の手になるさまざまな幽霊の姿は、見応え十分であり、一時の涼を得ることができる。幽霊画のみを一堂に見ることのできる数少ない施設として紹介しておこう（ただし時期限定）。でも、「応挙の幽霊」に登場するのが、ここに描かれたような女性だとすると、絵からでてきた段階で、非常に怖いし、とてもお酌をしてくれたり、三味線を弾くようには見えないのだが……。

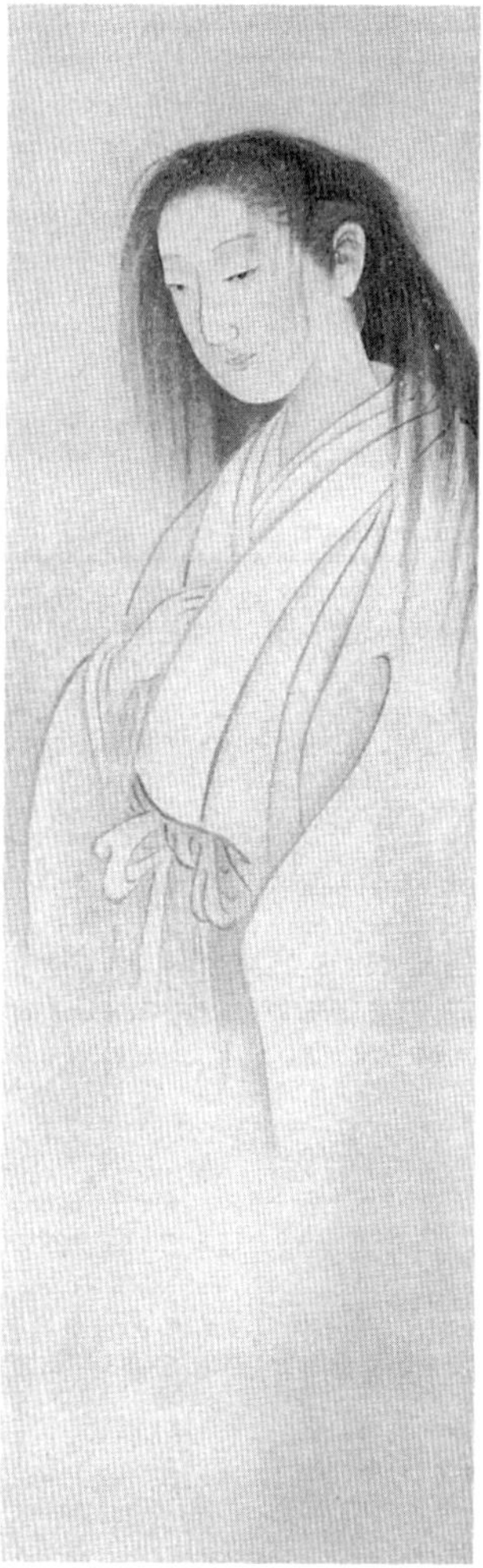

図9　幽霊画（伝円山応挙筆、全生庵所蔵）

「鰻の幇間」

百物語

近代落語の祖三遊亭円朝《さんゆうていえんちょう》は、芝居噺・人情噺が有名であるが、「牡丹灯籠《ぼたんどうろう》」「真景累ケ淵《しんけいかさねがふち》」などの怪談噺《かいだんばなし》も手がけている。彼は、怪談の百物語（深夜に蠟燭《ろうそく》や行灯《あんどん》の灯心《とうしん》を百本灯《とも》し、怪異譚《かいいたん》一話終了ごとに消していくと、最後の一本を消すと異変が起こるという）にちなみ、幽霊画を百図（本）集めたという。そんな落語をキーワードとした繋がりで応挙《おうきょ》の関連してくる広がりは驚くばかりである。

応挙の虎

応挙といえば、八代目桂文楽《かつらぶんらく》が得意とし、彼の十八番に数えられた「鰻《うなぎ》の幇間《たいこ》」にも登場するので紹介しておこう。野幇間《のだいこ》の一八《いっぱち》が、やっと記憶の隅に引っかかっているような、名前も家も忘れて思い出せないような旦那をつかまえ、鰻をご馳走になろうとするが、逆に騙《だま》されて代金を払わされるというもの。その中で、騙されたことがわかり、今まで持ち上げていた鰻屋の様子を、次々に腐《くさ》す演出があり、目に付くものにあらかた文句を付けて、最後に床の間の掛軸《かけじく》に「応挙の虎」が登場する。

「床の間をご覧、床の間、ええ？　床の間の掛け物をご覧よ。応挙の虎。偽物ですぅ？　あたりまえだよ、本物を掛けるわけがねぇじゃねぇか。だいいち『丑虎《うしとら》のものは鰻を食わない』てぇくらいのもんだよ君。虎の掛け物を掛けて君、鰻屋で君、喜んで君……勘定は幾らだい！」

「丑寅のものは鰻を食わない」とは、丑年・寅年の守り本尊が虚空蔵菩薩《こくうぞうぼさつ》であり、この菩薩のお使い（乗り物とも）が鰻であることから、丑年・寅年生まれの人は鰻を食すことを忌《い》むこととなった。また、全国に残る虚空蔵信仰には、鰻を捕ったり、食べることを戒めているところもある。また、虚空蔵の虚（むなし）の字が鰻の古称である「むなぎ」と通ずることからという俗信がある。かたや土用丑の日は鰻を食べるといいというものもあり、もっぱら鰻屋さんはこちらで商売をする。こちらは、風来山人平賀源内《ひらがげんない》が、夏場に商売がうまくない鰻屋に頼まれての創作コピーとのこと。もしかすると源内先生、この「丑寅のものは鰻を食わない」を逆手に取った逆転の発想なのかもしれない。こんなことも興味深いことである。

さて、この応挙は、野幇間の目にも即座に偽物と判明する。確かに、うらぶれた鰻屋の床の間に応挙の真筆は似合わないだろうし、それだけ応挙には多くの偽物が流通していたのだろう。

「ふだんの袴」――あぁ文晁は名人だ

「ふだんの袴」とは

「ふだんの袴《はかま》」は、上野御成《おなり》街道沿いの骨董《こっとう》商の店先に、墓参帰りに供の者にはぐれた武士が立ち止まると、偶然にも顔見知りの店主であることに気が付くところからはじまる。そこで供の者が探しにくるのを店先で待つ間、たばこを一服する。金無垢《きんむく》の延《のべ》きせるに上等な刻みたばこを詰め、たばこ盆の火入れの炭にかざしただけで、火の方から自然と着火する「呼び火」がおこり、うまそうに一服する。きせるの掃除《そうじ》が行き届いているため、ちょっと息が入っただけで火玉が抜け、袴を焦がす。店の主人が慌てると、「案じることはない、これはいささかふだんの袴である……」と一言。

その一連の様子を見ていた「われわれ同様の男」が、武士同様のことをやりたくなり、大家から袴を借り、紋付がないので印半纏《しるしばんてん》に袴という珍妙ないでたちで骨董商にでかける。掃除もしていない真鍮《しんちゅう》の鉈豆《なたまめ》きせるに、安い粉たばこを詰め込み、山盛りにして無理矢理火を付ける。思いっきりきせるを吹いて火玉を飛ばすと、それが自分の頭の上に落ちる。主人が「あなたさま、おつむりに火玉が落ちました」と心配すると「心配するねえ、ふだんの頭だ」と落ちる噺《はなし》である。

成立は江戸後期といわれるが、それを示す原典などの資料はない。しかし、武家趣味や風俗描写などの設定の細かさから考えても、明治に入ってから完成したものとは考えにくい。淡々とした前半から、一気呵成《いっきかせい》に滑稽味《こっけいみ》を加えて終わる構成と、無理のない設定は、ある種華やかさに乏しく、それゆえに演じ手が少ないといわれる。

店の格と武士の素性

この噺は、古美術などを扱う骨董屋が登場する。落語では、古道具を売る道具屋は多いが、このような店が出てくる話はあまりない。この店が上物を扱い、客筋もいいことは、武士と主人の会話からも理解できる。

「おお亭主、お前の店はここか」ということから武士は、この骨董屋の主人は馴染《なじ》みであるが店がどこかを知らない。「おお、殿様！　御用がございますれば、お使いをお出しおかるると、あたくしのほうですぐさま、参上いたしましたものを……」「（略）其方《そのほう》も店に出ていることは少ないのであろう」「へえ。あたくしも、店はあまり座りません（略）」このような会話の後、主人は武士に奥で休んでいくことをすすめるが、武士は、供の者が探しに来た時に見つけやすいように店先にいたいが、無骨な侍が店頭にいると商売の邪魔《じゃま》になるのを気にする。すると「いえ、そんなことはございません。手前どもでは、店に買物に来るお客様はほとんどございませんので、どうぞ御意《ぎょい》のままに……」。この冒頭部分の二人の会話だけで、この店の格が伝えられるのである。店頭にたくさんの商品を並べて、通りかかる人をも集客しようというような店ではなく、主人が馴染みの顧客の家に、それぞれに向く品物を用意して出向く出売りを主としていることが、ふだん店にいないということや、すぐさま参上するといったことからわかるのである。なかなか店に入りにくい、現在の高価な品を扱う古美術商に近い経営であったようだ。

さて、武士の家柄も、この冒頭部分でおよそ、どの程度のものかが理解できる仕掛けになっている。お出かけには供の者が付き、黒羽二重《くろはぶたえ》の衣類に仙台平《せんだいひら》の袴、雪駄《せった》履きに細身の大小といういでたちが語られる。この部分を掘り下げてみると、羽二重は、京都や堺で織られた高級絹織物で、上絹《じょうけん》とも称したものの黒地をいう。仙台平は、仙台地方で織られた、高級男子用の袴地のこと。京都西陣から技術が伝わり、仙台藩主伊達《だて》家の保護奨励により発達し、高位の武家の正装用袴地として好んで使用された。織りの細かい緻密な絹織物で、精好《せいごう》仙台平とも呼ばれた。こんな高級衣料でも「普段着」といえる家柄の武士ということか。履き物は無骨な足駄《あしだ》・下駄《げた》ではなく雪駄で、さらに武張《ぶば》らず華奢《ごうしゃ》な細身の大小を腰にしていることから、少なくとも江戸詰《えどづめ》が長いか、直参旗本《じきさんはたもと》と思える。決定的なことは、「谷中まで墓参……」ということで、江戸に墓地を持つ、江戸住まいの武士であることが語られるのである。

さらに所持品が説明されていくが、まずたばこ入れ、「金唐革《きんからかわ》の一《ひと》つ提《さ》げ」「袂落《たもとお》とし」「金無垢《きんむく》の延《のべ》きせる」に「菖蒲革《しょうぶかわ》の袋」と、畳み掛けるように、庶民には高嶺の花の品々が次々と登場するのである。ここも、個別に説明を加えることとする。

〈金唐革《きんからかわ》〉　オランダ渡りの革。渡来文物は、あとで登場する「落語の中の渡来文物」の章で取り上げており、金唐革はその中の「双蝶々《ふたつちょうちょう》」で詳しく説明しているのでそちらを参照願いたい。

〈一《ひと》つ提《さ》げ〉　一つ提げたばこ入れのこと。たばこ入れにはいくつかの形態が存在する。一つ提げたばこ入れは、刻みたばこを入れる袋状の部分（叺《かます》）を腰に提げるために、根付《ねつけ》と叺を紐《ひも》や鎖《くさり》で繋《つな》ぎ、その部分の調整のために緒締《おじめ》を通したもの。他に、この一つ提げにきせるを収納する筒を付属させた「提《さ》げたばこ入れ」、たばこ入れを提げるのに、根付ではなく筒を用いる「腰差《こしざ》したばこ入れ」（このたばこ入れの筒は、帯に通せるように硬質の素材が用いられ、根付は付属しない）などが、腰に提げるたばこ入れとしてあげられる。また、懐《ふところ》に入れて携帯する物に扁平な形態の「懐中たばこいれ」（きせる筒が付属するものと、しないものが見られる）などもある。

ところで、通常武士は、腰に提げるたばこ入れはあまり使用しない。なぜなら、すでに、腰には大小の刀をたばさみ、また、印籠を提げるのが正装の際の姿であり、これにたばこ入れを加えることはなかった。ただし、公務以外での外出などで、印籠を提げないときなど、たばこ入れを提げることもした。ここでは、墓参ということであり、明らかに正装ではなく、私用での普段着での外出であり、おかしくはない。まさに「ふだんの袴」でのお出かけであったのであろう。さて、一つ提げたばこ入れゆえに、きせるは腰に提げるのではなく、別に携帯しなくてはならない。そのために、次の袂落《たもとお》としが必要となってくる。

〈**袂落《たもとお》とし**〉　袂落としは、二つの袋状の入れものを長い紐や鎖で繋いだもので、首にその紐を掛けて着物を着て、左右の袂にそれぞれの袋を落とし込んで使う。多くは、片方にたばこ入れやきせる、あるいは小銭、懐紙などを入れ、もう一つには手拭《てぬぐ》いが入れられた。袋物の一種であるが、所持した品を出先に忘れてくることを恥とした武士が、多く使用したものである。

この噺では、たばこは金唐革の一つ提げたばこ入れで所持してきたのだから、当然ながら袂落としにはきせるが入れられている。袂落とし用のきせるは、通常のものより短めで、やや扁平なものが用いられる。また、中継《なかつ》ぎきせると呼ばれる中央部で二分割して携帯し、喫煙の際に一本に組んで使用するものも用いられた。この武士は、金無垢の延きせるを所持していた。

〈金無垢《きんむく》の延《のべ》きせる〉　きせるの素材としては、江戸〜明治を通じて、金属素材としては真鍮《しんちゅう》がおそらく最も多く使われている。江戸初期には、合金技術が未発達で、真鍮も高価な素材であったが、大量に生産できるようになると廉価となり、さらに細工《さいく》しやすいということもあり、きせるの素材に多く使用された。他に銅、鉄、四分一《しぶいち》（「金明竹」の項参照）などの合金なども多く見られた。高級品となると金・銀ということになるが、きせるの素材では圧倒的に銀が多い。喫煙具では、銀の色合いや質感などが好まれ、さまざまな細工や加飾に用いられている。ただ、銀は当然ながら、時を経ると酸化し黒色を帯びてくるが、これをあえて磨かずに古色として好んだり、わざわざ「燻銀《いぶしぎん》」（硫黄《いおう》で燻《いぶ》してくすんだ銀に変化させたもの）として、加工したものを喜んだりした。地味ではあるが、しっかりとした仕事をする人物などを表して、「燻銀のような働き」などと表現したりする。

このような銀に対し、金は当然ながら、銀以上の貴金属であることは認知されており、黄金の輝きと、その不変性、延性《えんせい》と展性《てんせい》に富む性質、そしてその価格というよりも、金自体が貨幣鋳造されていなくとも黄金《こがね》として流通していた。当然ながら、喫煙具にも見られないことはない。しかし、普段使いのものには、ほとんど見られないのも当然であろうか。さて、同じ大きさ・造りのきせるで、銀・金と素材が異なると、銀は適度な重量と質感があり、よほどきつく嚙まないと歯跡は付かない、ところが、金で作られたきせるは、当然ながら一番重く、吸い口にはくわえた歯の跡が付きやすいなど、扱いにくい部分がある。やはり、持てる人のものなのであろう。ただ、高価なものを所持したい欲求は御《ぎょ》しがたく、「鍍金《ときん》」という技術も行われた。これは、現在でいう「メッキ」で、金の延性と展性を利用し、他の金属に箔を焼き付け、見た目金製品としたものである。銀で行えば「鍍銀《とぎん》」で、こちらも多く見られる。

さて、「ふだんの袴」の武士が袂落としから取り出したのは、金無垢の延きせるである。

「鍍金」ではく、わざわざ無垢と断るところが実は演出で、武士の格を連想させるわけである。「延きせる」とは、一つの素材で一体のきせるを作ったものをいう。つまり、通常の刻みたばこを詰める「雁首《がんくび》」と口を付ける「吸い口」を、竹や木製の「羅宇《らう》」という中間部分を入れたきせるではなく、全部が金でできたきせるが登場したのである。

　余談かもしれないが、ある噺家さんから聞いた話を紹介しておこう。若い噺家が大ネタの「岸柳島《がんりゅうじま》」を師匠から教わり、熱心のあまりみずから工夫を加えて演出して高座にかけた。「岸柳島」は、渡し船の船中でたばこを楽しんでいた若侍が船から手を出してきせるをはたき、たばこを川に落とそうしたところ、手入れが悪く雁首が羅宇からはずれ落ちてしまう。それを拾おうとして、騒ぎとなるのが発端である。雁首が川に落ちないと噺が始まらないものである。そして、設定は銀きせるとされ、高価で思い入れがある故、拾いたくなるというものである。これを、若い噺家さんは、どこかで本でも読んで勉強したのだろうか、銀の延きせるとしてしまったのだ。前述のとおり、延きせるは、全体が一つの素材で作られており、はたいて雁首が外れるものではない。一本丸々手を滑らせてしまい川に落とさなくては噺にならなくなる。しかし、彼は、全体が銀で作られたきせるなら、さらに高価なものであるし、武士の所持品として適当と思ったのだろう。ただ、構造までの理解が足りなかったのである。「取り出した銀の延きせるの雁首が川に落ちる……」としてしまった。その日は、本人もわからないからそのまま高座を終わらせ、その日の内に師匠から大目玉を食らったということである。生兵法《なまびょうほう》は怪我《けが》の元ということであろう。

〈菖蒲革《しょうぶかわ》の袋《ふくろ》〉　菖蒲革は、鹿のなめし革を染める際に、菖蒲や馬などの模様を染め抜いた革。菖蒲の意匠化《いしょうか》されたものが最も染められたため、この手の染革を菖蒲革と呼ぶ。典型的なものを「本菖蒲」、やや省略したものを「杉菖蒲《すぎしょうぶ》」、最も省略した台形状のものを「爪菖蒲《つめしょうぶ》」などと、その意匠により呼称が変化する。その他、桜・蜻蛉《かげろう》・馬なども好まれた意匠であった。菖蒲の名は、意匠とともに濃い緑の菖蒲色に染めることからも、この名称となった。菖蒲が、尚武《しょうぶ》・勝負と音が通じることから、武士が好んで武器武具に使用した。また、同様に蜻蛉も「勝虫《かちむし》」の別称から、武士が好んで使用した意匠である。馬を染め抜いた「駒菖蒲《こましょうぶ》」は、本来仙台伊達家の武器武具、特に甲冑《かっちゅう》などに用いられたが、江戸も後期になるとさまざまなところで利用されている。ここでは、金無垢の延きせるの収納用に武家が好んだ菖蒲革で誂《あつら》えた袋を取り出すことが演出されたのである。きせるは、筒が付属するたばこ入れでは、特にきせるに筒を用意しないのが普通である。筒が付属しない「一つ提げたばこ入れ」などでは、別にきせるを携帯しなくてはならず、その際は、袋に入れて所持した。浮世絵版画などで、きせるに布を巻き付けて喫煙しているような描写が時に見られる。これは、喫煙で、きせるを袋から出して、その袋を紛失せぬよう、羅宇の部分に縛っているのである。もちろん、これは庶民の行うことであり、噺に登場する武士などはしないことだろう。

図10　菖蒲革のたばこ入れ（たばこと塩の博物館所蔵）

〈呼《よ》び火《び》〉　金製や銀製など高価な素材で制作された上等なきせる（その火皿に刻みたばこを詰め、火を付ける）では、喫煙する場合火（炭火）に直接付けて着火するのではなく、火から少し距離を置き、かざすようにして着火していた。また、詰めるたばこが上製のものであれば、かざしただけで楽に着火したという。この様子は、たばこ（きせる）が、火を呼んでいるように見えただろうし、火の方からたばこに飛びついて、火が付いたように感じられたことであろう。このような状況を「呼び火」といった。

　この武士、悠然とたばこを一服しながら、店に掛けてある軸に目をやり、

「最前から見ておるが、そこに掛けてある鶴は、見事なものだのぉ、おぉう、大した作ではないか」「相変わらずお目高くていらっしゃいますな。惜しいことに落款《らっかん》がございませんが、わたくしの考えでは文晁《ぶんちょう》と心得ますが、御意はいかがでございます?」「うぅうん、なあるほどのぅ……文晁かぁ。其方が見て文晁とあらば、それに相違はあるまい。あぁあ、いかにも谷文晁は名人じゃのぅ。あぁ、よく描いたものだ……あぁ見事な作だ、うぅうん」とのやり取りがあり、最後の「うぅうん」できせるから火玉を飛ばしてしまう。

谷文晁

　現在の古美術商の店先でも見られそうな、お得意さまと店主との商品を挟んだやり取りが描写される。厳しい審美眼《しんびがん》をもった客と、目利《めき》きの店主の、どちらも下に置かない様子は、私などは、微笑《ほほえ》ましく感じてしまうひとこまである。さて、ここで登場する文晁（谷文晁）は、江戸後期に実在した絵師である。

　谷文晁は、宝暦十三年（一七六三）田安家家臣で詩人としても名高かった谷麓谷《たにろっこく》を父に、江戸下谷根岸に生まれた。幼年期には、狩野派の正統を伝える木挽町《こびきちょう》狩野家の加藤文麗《ぶんれい》

から絵の手ほどきを受け、後に渡辺玄対《げんつい》に師事した。玄対は、江戸後期における江戸南画《なんが》（文人画）隆盛の先駆者とされる中山高陽《こうよう》の弟子であり、師とともに、江戸南画隆盛の功労者とされる人物である。文晁は他に、江戸に四条円山派を広めた渡辺南岳《なんがく》にも学んだ。

このように若くして諸派を学び、彼の理念でもある諸派兼学《しょはけんがく》を実践していった。後に、長崎遊学や現存する文晁画の肖像が知られる木村蒹葭堂《きむらけんかどう》との交友などから西洋画（遠近法・陰影法、あるいは銅版画など）をも吸収した反面、古書画什器《じゅうき》類の古典研究も行い、多くの著書を著している。これは、文晁が田安家家臣であり白川侯松平定信の奥詰近習となっていた関係から、定信の意向により、古社寺や諸侯が所持する絵画・古器物の調査と模写を行なった『集古十種《しゅうこじっしゅ》』を魁《さきがけ》とし、独自の古典研究による『本朝画纂《ほんちょうがさん》』『画学大全』などが知られる。

さて、文晁の作画であるが、諸派兼学を基本理念としたことから、時代により大きく変化していくものの、それぞれ影響を受けた画法を取り入れ幅広い活動を行なった。なにより、最大の特徴は写生を重要視したことであり、山水を中心に花鳥・人物、さらに記録画と画題は広くそれぞれに、特徴的な作品を残している。画塾写山楼《しゃざんろう》を主宰し、渡辺崋山《かざん》・田能村竹田《たのむらちくでん》ら有能な弟子を育て江戸画壇の指導者、教育者の一面も見せている。また、みずから書画会を開催し、文晁の広い交遊関係もあって亀田鵬斎《ほうさい》・酒井抱一《ほういつ》・市河米庵《べいあん》・大田南畝《なんぽ》（蜀山人《しょくさんじん》）など、多くの文人墨客《ぶんじんぼっかく》が集い盛況であった。

この噺の、武士が見た文晁の鶴の図、はたしてどのようなものであったのだろうか。伝統的な狩野派風な作品か、文人画風なものなのか、南蘋風《なんぴんふう》の写実的なものなのか、詳しくは語られないのでわからない。ただ、後期江戸画壇の中心人物であり、武家層に好まれていたことが、この演出から感じ取ることができる。

図11　谷文晁画像（谷文中筆、東京国立博物館所蔵）

店主の「惜しいことに落款がございません」でいう「落款」は「落成款識《らくせいかんしき》」の略語で、書画が完成した際に作者が自作であることを示すため、作品に記入する姓名・画号（字号・雅号《がごう》等）、年月日、識語《しきご》（場所・動機・状況などを記したもの）などや印章を捺印《なついん》したものをいう。文字を款記、印章を落款印という。これらの有無は、作品の評価を左右し、また、美術史研究では、筆跡の変遷や印章の摩耗度《まもうど》などが年代特定の資料にされたりする。伝来を重視した日本では、落款の意味は大変に重いものである。蛇足ながら、落款のないことを「無款」というが「無落款」のさらなる略語である。

この落款が店先の鶴を描いた軸には無いことから、目利きの主人は「わたくしの考えでは文晁と心得ますが……」と一歩退いて、確実に文晁画ではないが、文晁と思っていることを告げるのである。

噺の落ちに関わるのが、この武士と店主のやり取りの一部始終をみていた職人が、それを模倣し失敗するおかしさであり、淡々とした前半から、一気に噺は落ちへと向かう。武士のものとの対比がなされるが、服装は前述のとおりで、武士の金無垢のきせるに対しては、同じく懐中用であるが銇豆きせるという職人がよく持ち歩いたものとなる。彼のものは、真鍮製であるので最も江戸後期では煙管の素材として普及していたもの。銇豆きせるは、武士のきせる同様懐中用の延べきせるだが、懐中や袂でごろごろしないように、また帯などに挟みやすいように全体に扁平に形成されている。そのような様子が、さやごとの銃豆に似ていることからこの名で呼ばれた。金唐革のたばこ入れに対し、千住の河原《かわら》製のものという。千住の河原は擬革紙《ぎかくし》、つまり紙製模造革で作られた、たばこ入れの、製造販売を行なっていた。実は、一言で擬革紙といってしまうと、その仕様は天と地ほどの違いがあった。高級なものは、上質で堅牢な和紙を用い、革の皺《しわ》やしぼを模し、桐《きり》の油を紙に吸わせ、色漆《いろうるし》で仕上げた。伊勢の壺屋《つぼや》や江戸の竹屋などが著名であり、堅牢さや軽さから、革製のものより好む人もいたほどできがよく、触らない限りそれを紙とは思えぬものであった。大高紙《おおたかがみ》・羊羹紙《ようかんがみ》など種類も豊富であるが、安価なものは、浅草界隈の保古《ほご》（再生紙）に漆ではなく渋で仕上げたものや、合羽《かっぱ》用の油紙に細工しただけのものもあった。河原製は一概に安物ばかりではなかったが、他の擬革紙製たばこ入れに比べると、あまり扱わない粗悪品も商品として扱っていたところから、千住河原というと安物の紙たばこ入れというイメージができあがっていたのであろう。また、同様に、紙製のものだから安物というものでもない。噺の中では、紙細工に漆が塗ってあるということだから、そんなに粗末ではないと思える。いずれにせよ、中身はたばこを買い忘れ、下に残っていた粉を詰めて、文晁を文鳥と聞き間違え、さらに俺には鶴にしか見えないと鳥をつかって二重に笑わせる。そして、頭に火玉が飛び、落ちという運びとなる。また、古美術商は、美術品とともに客（客筋。どの程度の客かということだが、人品知識もさることながら、金があるのかないのかも見極めていた）も見ているということもある。淡々とした進行の噺ではあるが、なかなか奥の深い内容のものである。

落語の中の浮世絵版画

浮世絵版画と落語——落語に登場する江戸の庶民絵画

浮世絵って何？

落語の中には、浮世絵に関することが語られることがよくある。江戸期に成立した噺《はなし》であれば、当時の庶民に身近なものであった浮世絵版画との同時代性から、なんら不自然なものではない。むしろ、見方をかえると、浮世絵版画の登場する噺は少ないともいえるかもしれない。本題に入る前に、少し浮世絵について基本的なことを記しておきたい。

「浮世絵」というと今ではほとんどの人が喜多川歌麿《きたがわうたまろ》、東洲斎写楽《とうしゅうさいしゃらく》、葛飾北斎《かつしかほくさい》、歌川広重《うたがわひろしげ》など有名絵師の版画を思い浮かべることだろう。きっと、美人の大首絵《おおくびえ》や雲母摺《きらずり》のデフォルメされた役者の舞台姿、「冨嶽三十六景《ふがくさんじゅうろっけい》」や「東海道五十三次《とうかいどうごじゅうさんつぎ》」の風景画シリーズなどは知っていることだろうし、そのうちのいくつかの図様を想像することは容易なことかもしれない。しかし、これらの作品が木版画であり、印刷物であるということや、同じ浮世絵という仲間でも、肉筆《にくひつ》絵画として描かれた「肉筆浮世絵」とは明確に異なる「浮世絵版画」と分類されるという、浮世絵の概説にも到達しない段階で首を傾げる人も決して少なくないことも事実であろう。

浮世絵は通常一般に歴史や美術の教科書でも紹介されており、絵師の名前や作品についての認知はかなり高いし、浮世絵の展覧会は各地で開催され、日本国中そのての展覧会が開催されていない日はないといっても過言ではあるまい。でも、その実体・特性・背景となるとあまり知られていないようだ。たとえば、書店の美術書のコーナーを覗いてみると、数ある美術の関連図書の中で、浮世絵に関して著された図書類は相当数にのぼる。情報を知ろうと思えば、そんなに苦労せずに浮世絵に関して一般的なことは知ることができる。とはいうものの、これも興味があればこその話であり、確かに、現在の常識の範疇ではないのかもしれない。浮世絵の「浮世」とは、現世とか現在・今・当世風（あるいは、はかない人生）というような意味であり、浮世絵には今の様子（今風な様子）を描いた絵というようなことが含まれる。まさに当時の風俗や生活・景色を画題としたもので、大量生産され、広く庶民を対象に販売されたものであった。まずは、基本中の基本、浮世絵版画は木版画であるということを理解しておいていただきたい。

木版の歴史

木版画の技術は、おそらく大陸から日本に伝えられたものであろう。その後千数百年にもわたり、木版画や木版技術は日本においてさまざまな形で高度な発達と広がりをみせた。その技術の高さと普及の広さにおいて、わが国はまれに見る木版大国といわれる。

一方、近世初頭、日本にも活字が伝えられている。一つは文禄・慶長の役により朝鮮半島より運ばれた銅活字で、今一つは、ポルトガルの宣教師によりヨーロッパから運ばれた活字である。いずれも、これを利用して印刷が行われ、それなりに評価がなされた。また、本阿弥光悦《ほんあみこうえつ》らが出版にかかわった嵯峨本《さがぼん》も活字で印刷されたものであるが、この活字は、一文字単位の他に単語や慣用句でもまとめて木版の活字で制作され使われている点が、特徴とされている。以降も活字による本は出版されているが、実はその数は少ない。むしろ、それまで行われてきた一丁裏表《いっちょうウラおもて》（現在の二ページ分。これを真ん中で折り製本した。活字印刷にたいして整版《せいはん》印刷といわれる）を一枚の版木で制作する出版がほとんどであった。当然活字の利点が考慮されたにもかかわらず、活字と整版が逆転しなかったのは、さまざまな理由はあるが一番の要因は、それまでの木版技術による整版制作が熟成していたからにほかならない。

木版技術の善し悪しは、彫《ほ》りと摺《す》りの出来にかかる。これらの状態が良いとき「刀《とう》がきれている」「馬連《ばれん》がさえる」などと形容される。彫師や摺師の腕が良いことを表す、まことに的を射た表現であろう。この表現が最も当てはまるものが浮世絵版画であり、日本の木版画の頂点に浮世絵版画が存在することに異論を挟む余地はあるまい。特に近世以降の日本の木版画技術は、浮世絵版画の発達に大きく関係する。その背景には、日々研鑽《けんさん》を重ね、創意工夫を怠らなかった職人たちの努力が、木版画の技術を向上させていったことがあることを明記しなくてはなるまい。江戸の浮世絵版画に至る歴史を簡単に記したが、これはあくまで前段であり背景である。ここからは、浮世絵関係の本でもあまり記されない部分、つまり、制作工程や版木などに関して述べておくことにする。

浮世絵版画の制作過程

浮世絵版画が盛んに制作された江戸時代には、現代のように額に入れ壁に飾るなどせず、手に持ち、絵に触れるといったように身近で観賞するものであった。そこには、印刷物もしくは、ある種工芸品を楽しむという感覚が大きく働いていたと思われる。絵画的な完成度もさることながら、印刷技巧を楽しむ、確認するなどの行為がなされたのであろう。この点は、もしかすると現在一番忘れられた浮世絵版画の楽しみ方かもしれない。

通常、浮世絵版画が紹介される場合、まず絵師の情報は示されるが、版画制作に関わった絵師以外の彫師・摺師、あるいは版元についての情報は、不明な場合が多いにせよあまり示されない。しかし、浮世絵版画は、絵師一人で完成できるものではなく、絵師・彫師・摺師・版元の共同作業であり、それぞれが作品の出来不出来に関与した。加えて、購買層である庶民を中心とした顧客の存在も考えれば、五者の関係が作品制作を左右したのである。

では、浮世絵版画の完成までの工程を、この五者の関係をふまえつつ、順を追って見ていくことにしよう。ただし、時代や時期などで、状況は変化し、すべてが江戸時代を通じて同じではないことをお断りしておく。版元は、購買層である庶民階層が何を求めているか、どのような絵を要求しているか、またそのときの為政者による検閲の制限などを考え、絵の内容と絵師を決める。当然ながら、いかに儲《もう》けるかという考えが一番の重きをなしていた。もちろん、絵師の方から、制作したい作品を版元に持ち掛けることもあったが、これは、絵師の地位で左右され、絵師に実績がない場合は、断られる場合が多かった。しか

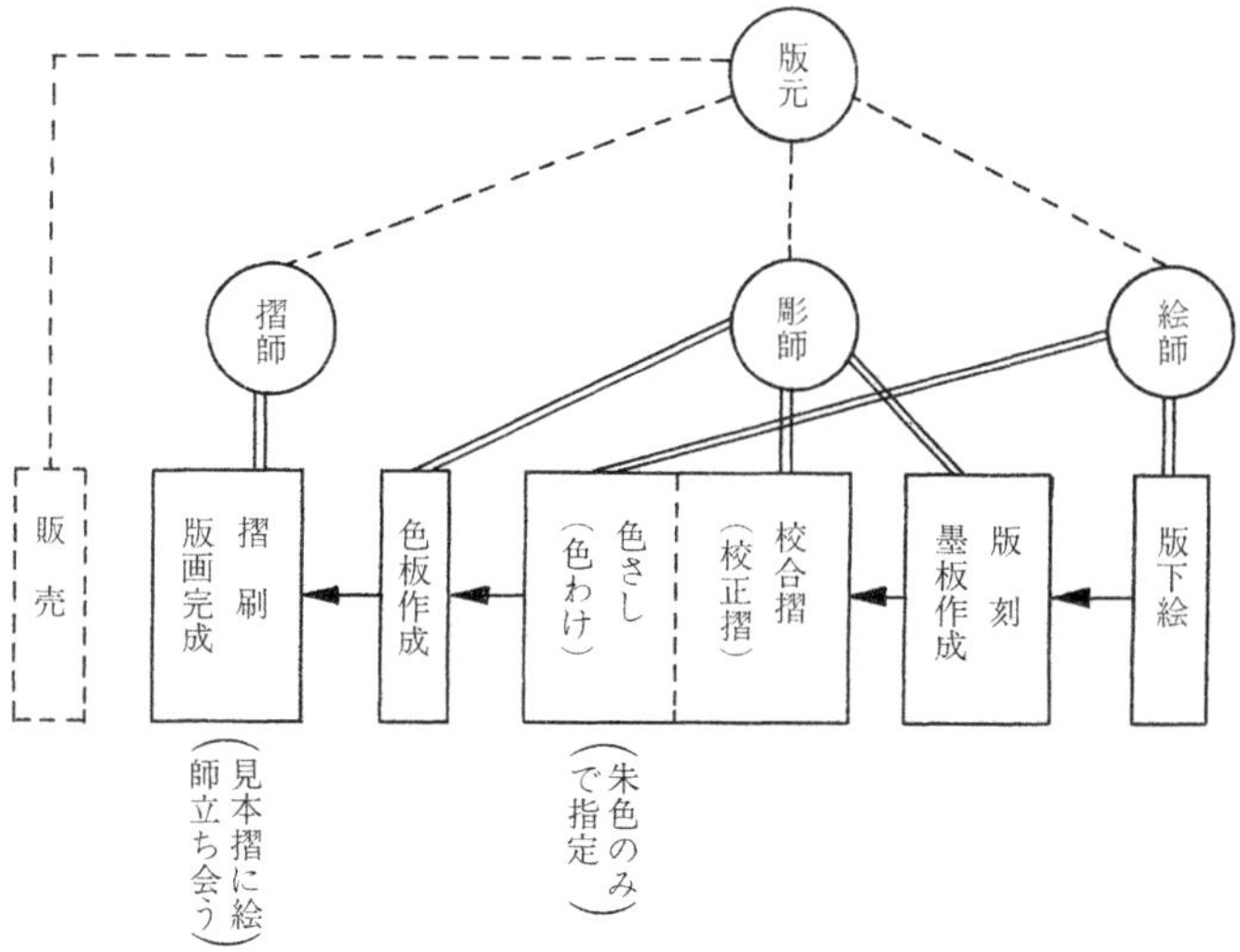

図12　浮世絵版画の制作工程

し、そこは版元も商売であり、制作にかかる費用（入銀《にゅうぎん》）を持てば、版元にかかる負担がなくなることから制作されることもあった。写楽の作品などこのような形での出版ではなかったかという説もあるが、実にうなずけることである。出版社にリスクがかからないようなシステムということでは、現在の自費出版などに共通する。

　さて、版元側で絵の内容が決まると、絵師に版下絵《はんしたえ》の制作を発注する。このときに、制作費の削減を図り、色板《いろいた》の枚数や色数、技巧などの制限が言い渡されることもあった。発注を受けた絵師は、構想を練り、下絵を制作する。

下絵に推敲《すいこう》を重ね、版下絵を制作する。完成したものは版元から名主・行事の検閲に回され、出版の許可を取る（改《あらた》め印が捺印《なついん》されるが、この形態も変化する）。この版下絵を彫師に渡すわけだが、細かい指示を書き込んだ下絵が添えられることもあった。

彫師は、板屋《いたや》から版木を必要枚数入手し、絵師から受け取った版下絵を版木に貼り、絵師の指示に従い彫刻をする。浮世絵版画は、肉筆の複製ではなく、その時代に売れるであろうと判断されたものが選ばれ、版画を制作するための版下（これが原画）は、版木に貼られ削られることから消滅するのである。また、絵師との信頼関係から、特別に指示なしで頭髪部分（毛割《けわり》）などは、彫師の技量に任せられたりもした。熟練の彫師は一ミリに三〜五本の毛を彫り分けたという。定規など使えない技術の世界なのである。最初に彫り上げられる版は輪郭線で、主版《おもはん》・地墨板《じずみいた》と呼ばれ、今後の作業で最も重要な版木となる。通常墨で摺られるが、北斎の「冨嶽三十六景」の藍《あい》や特殊な疱瘡絵《ほうそうえ》など朱や赤で摺られたものもある。この主版には、多色摺に不可欠な見当や版元の商標・検閲済みの証しである改印なども入れられた。主版を色数に合わせ必要枚数刷った校合摺《きょうごうずり》を絵師に渡す。絵師は、それぞれに色さしといわれるほぼ一色一枚に朱色で塗り分け、色板の版下を作る。再び彫師に渡され、主版同様の工程を経て、色板が彫られる。

彫り上げられた主版と色板は次に摺師に渡され、摺の作業が始められる。絵師の色指定はあるものの、細かい部分や、ぼかしなどの技巧について、摺師の裁量に任せられることが多かった。ここで、見本摺が作られ、絵師や版元の校正を受ける。この協議（数度繰り返されることもある）により最終的な摺工程が確認され、初版の必要枚数が摺り上げられる。摺の彩色は、各色料を生かすものと、赤・青・黄の三原色を溶《とき》合《あ》わせ色をあらかじめ用意するもの、二種以上の色を摺り重ねて異なる色調を発色させる懸《かけ》合《あ》わせ（浮世絵版画の特色でもある）などが見られる。摺られたものは、化粧裁《けしょうだち》して版元に納められ、絵双紙屋の店頭を賑わすこととなる。

さて、売れ行きが良いと、増刷ということになるが、この場合、絵師を入れずに、版元が摺師に直接依頼し、工程の簡略化を指示する場合が多かった。これは、利潤を多く得たいという合理的な場合や、短時間に仕上げたい（通常浮世絵の図柄の流行りは、それ程長い期間ではなかった）などのことからで、当然ながら、芸術性や完成度は初版より劣った。また、まれに、初版のミスを訂正し、改良が加えられるものもあった。浮世絵版画の制作販売の工程は、およそこのようなものである。

版木について

職人の道具もいろいろあり、それぞれ興味は尽きないが、ここでは木版画に欠かせぬ「版木《はんぎ》」について見てみよう。浮世絵版画に限らず、版木は木版画制作に不可欠な道具である。日本では古来、木版の版木には主に桜、特に山桜が用いられている。山桜は材質が堅く、木目が緻密《ちみつ》で均質であること、水に強いことに加え、ある程度の大きさ（幹の太さ）であることなどの諸条件を満たすものが桜であったからであろう。また、確証はないが、海岸近くの潮風に吹かれて育った桜がより上質とされ「潮《しお》木《ぎ》」などと呼ばれている。この桜を板屋が入手し、大判錦絵制作では、縦一尺三寸×横九寸×厚一寸（三三・三×二七・三×三・〇三《センチ》）に揃え、三〜五回鉋《かんな》仕上げを行い（厚さ八分になったという）版木に仕上げ、供給していた。彫り上げられた版木は本であれ版画であれ、その内容が、時代変遷に左右されないものであれば、ある種資産と見なされ大切にされ、出版権の移動とともに転売もされた。しかし、比較的流行や時代変遷に影響を受けた多くの浮世絵版画は、商品価値が落ちた場合、版木の彫刻された面に鉋をかけ、再利用が図られた。それが繰り返され、一〜二分（五〜六《ミリ》）の薄さ（これ以上の再生利用は不可能）にまでなったものもある。この状況は色板ほど顕著で、輪郭が彫られた主版は多少大切にされたようで、版木の用途が失われても、火鉢・たばこ盆など他の什器《じゅうき》に再生される場合もあった。このような状況のほか、版木は天災・火災などや明治以降の価値観の変化により、多くのものが失われ、現在江戸時代の版木が残っている例は少ない。

諺《ことわざ》に、「版木で押したよう」というものがある。どれも同じで、変化がない様を表すものであり、意味的にはよく知られる「判で押したよう」と同意である。しかし、諺に難癖をつけるつもりはないが、実際は版画の版で摺った作品は摺師の技術で同じようになるのであって、何時如何《いついか》なる状況においても、誰がやっても同じには決してならない。この諺の成立の過程や時代はわからないが、もし江戸時代であったとすれば、世に出る版画、つまり浮世絵版画は、見る限りにおいては同じであった、つまり、それだけ技術と完成度が高かったと理解できるのではないだろうか。

見当外れなはなし

諺ついでに——むしろこれは慣用句といった方がよいかもしれないが、「見当外れ《けんとうはず》」「見当をつける」「見当がつく」などが、元は浮世絵版画に関係したものであることに触れておこう。ここでいう「見当」は、木版多色摺りの版木に欠かせないもので、先の版画制作過程では説明を省略したが、絵師が描く版下絵には見当がすでに描かれてある。右下（手前）に鉤形《かぎ》（逆Lの字）、直線上にやや太いブロック状のものが記される。これが版に彫り上ると左下とその上部に見当が付くことになる。

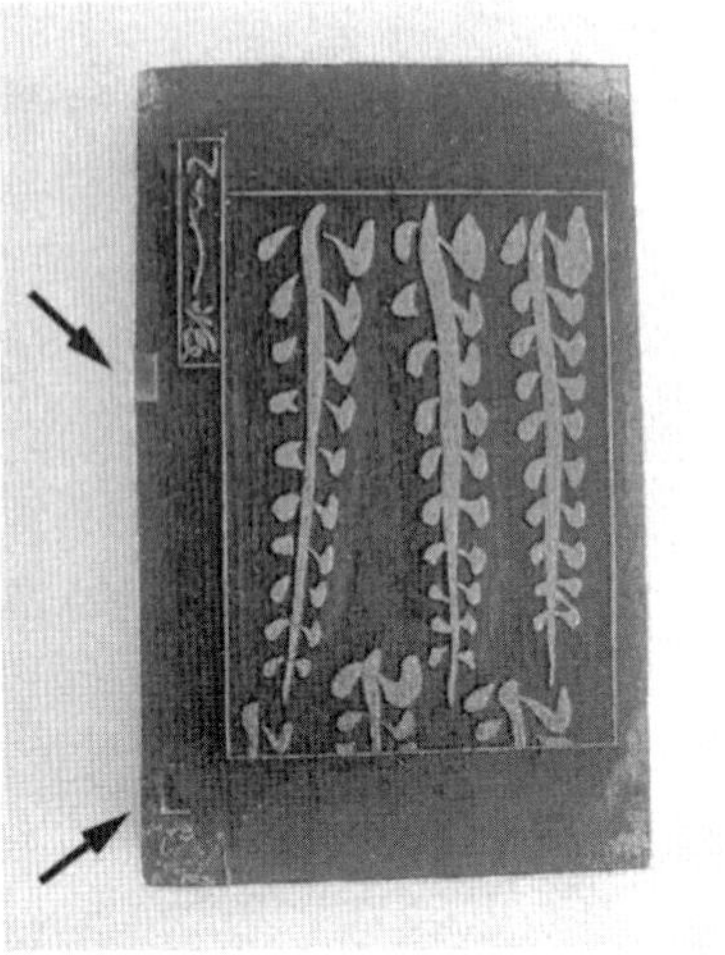

図13　版木に彫られた見当（上矢印がひきつけ、下矢印がかぎ）

鉤形は「かぎ（この部分で見当とも）」、ブロックは「ひきつけ」といい、ここに紙を当てて摺ることで、紙が一定の位置に置かれることになり、色を重ねて摺ってもずれることがなくなる。当然ながら、版下絵からあるわけだから、校合摺にも摺られ（ここから版であり、基本的にはまったく同じ位置に見当が付くこととなる）、同じ校合摺から作られた色板ならば、すべて見当を合わせることで版は合致することとなる。まことに単純なものであるが、これが浮世絵版画に使用されるようになったからこそ、多色摺の錦絵が完成したのである。ただ、これは制作過程で必要なものだが、完成した浮世絵版画には不必要で、通常、完成した浮世絵版画には、見当の存在は痕跡もない。多少、見当の部分に絵の具が付着し、版画に見当が摺られても製品に仕上がる段階で裁ち落とされるのがふつうである。重要なものながら、その存在を感じさせない縁の下の力持といったところであろうか。

さて、はじめに記した「見当外れ」は、事象にずれが生じたたとえで、版画制作で、見当がずれれば、作品は版ずれとなり、まともなものはできないから、考え方や論点がずれたときなどに使われる。「見当をつける」は、だいたいの方向性をつけることで、版画における方向は、見当に合わせることでできるからのたとえ。「見当がつく」は、手掛りを得ることで、ここまでくれば、この説明にも見当が付いたのではないだろうか？　そろそろ、落語と浮世絵の本論に戻ることにしよう。

「幾代餅」

浮世絵版画の落語中の扱われ方の一つに、描かれた女性を見た者が恋いこがれる、というものがある。その中から、「幾代餅《いくよもち》」と「盃《さかずき》の殿様」の二題を見てみよう。まず「幾代餅」から。

錦絵に恋して……

「幾代餅」は、米屋の奉公人清蔵が、店の使いに出た際に、ふと立ち寄った絵双紙屋で吉原の花魁《おいらん》幾代太夫《いくよたゆう》の錦絵（浮世絵版画）を見て、激しい恋心を抱いてしまう。俗にいう一目惚れ《ひとめぼ》れであるが、この噺《はなし》の仕掛けが、この清蔵と幾代の出会いにある。清蔵は、吉原に出向き幾代を見たのではなく、幾代を描いた絵を見て一目惚れしてしまうのであるから、この偶然がなければ、彼らの出会いはなかったわけだ。遊び好きなら吉原に登楼《とうろう》せずとも、廓《くるわ》の中を見て回るだけの「ひやかし」でも楽しいものであろう。しかし、そんなことすら考えも及ばない真面目な奉公人であることが、この出会いによって演出されるのである。ふつうなら、遊女の美人画を見て、よくできている、似ている、綺麗だなどと思っても、恋愛感情まで起こるものではなかろう。

さて、一途《いちず》に恋に落ちた清蔵は、ついには恋煩《こいわずら》いとなり、仕事が手に付かないばかりか、食事も咽《のど》を通らなくなってしまう。心配した主人が、事情を聞いて気休めにいった、遊女であればいわば商品であり、金さえあれば会いに行くことも、一夜を共にすることもできるから一生懸命奉公して金を貯めろ、という一言に、清蔵は我も忘れて働くようになる。とはいうものの、吉原でも格式ある大店《おおみせ》の遊女屋ともなれば、奉公人の貯めた金で通えるようなものではないし、その筆頭花魁では、奉公人風情では鼻にもかけられないのが常であろう。しばらくして、吉原に行きたくて貯まった額を聞きに来た清蔵は、主人に笑われ、今度は落胆して仕事どころではなくなるのである。主人は、清蔵を何とかしてやろうと、吉原に通じた医者を同道させ、大店《おおだな》の若主人といつわり登楼させる。こうして清蔵は運良く幾代に逢うことができたが、今度はいつ来てくれるのかという問いに、涙ながらに身分を明かし、いつになることかと涙にくれる。この正直さと自分を恋してくれる清蔵に心打たれた幾代は、来年年季が明けたら一緒に暮らすことを伝える。その後二人は所帯《しょたい》を持ち、餅屋《もちや》を始め、幾代と共に繁盛させるのである。これが両国名物幾代餅の由来と噺はまとめられる。興ざめかもしれないが、実在した幾代餅には、直接関係がなく、名前を使っただけのようである。

絵双紙屋

絵双紙屋は、庶民向けの娯楽的な読み物や絵本、あるいは浮世絵版画などの出版業者のことをいう。このような出版物は「地本《じほん》」といい、出版・販売は地本問屋《じほんといや》が行なった。これらを軟らかい本とたとえれば、対する硬い本に類する仏書・儒学書・歴史書・医薬書（本草《ほんぞう》）・古典・辞書・俳諧書《はいかいしょ》・実用書などは「書物《しょもつ》」と総称され、これらの出版・販売を行なったのが「書物問屋《しょもつといや》」と呼ばれた。地本問屋は、浄瑠璃本《じょうるりぼん》・長唄本、黄表紙《きびょうし》、合巻《ごうかん》などの草双紙《くさぞうし》・浮世絵版画（錦絵）、おもちゃ絵や双六《すごろく》類を出版し、合わせて小売りも行なっていた。店の規模はさまざまであるが、絵双紙屋を描いたものなどを見ると、店頭に大判錦絵の大きさに区切られた枠がある斜台に錦絵を並べ、上には紙鋏《かみばさみ》でつるした錦絵を配している。書籍も同様に店頭に置かれたほか、店内の棚に平積みされている様子などが窺《うかが》える。さまざまな色が店中に存在する、賑やかな店構えであったことが想像される。こんな感じの所で、幾代太夫の絵と出会ったのである。

「紺屋高尾」

「幾代餅《いくよもち》」とほとんど同内容で、設定が多少異なるものに「紺屋高《こうやたか》尾《お》」がある。はじめて行った吉原で、高尾太夫を見そめた染物屋の久蔵が恋いこがれ、三年無我夢中で働き、その金で登楼する。以下、人物の名前や商いを変えれば「幾代餅」とほぼ同じ進行である。ともに、純粋無垢《じゅんすいむく》でひたむきな愛情が、状況を変えさせ実を結ぶという、いかにも庶民の喝采《かっさい》をあびるような設定である。

複数の高尾太夫

さて、高尾太夫は、江戸吉原京町二丁目の三浦屋の遊女で、名跡《みょうせき》のように代々と名乗られている。しかし、正確な記録が残っているものでもなく、後世の随筆や日記などで考証も試みられたが、いまだいったい何人の高尾が存在したのか明確にはされていない。諸説見られるが、七代まで、あるいは十人を超える高尾がいたという説もある。この中で最も名を残したのは二代高尾で、歌舞伎に演出されるなどした仙台高尾の名のほうが知られているかもしれない。仙台侯が、高尾を我が意のままにしようと高尾の体重と同じ金を積むまでするが、随わず、ついには高尾丸船中で斬り殺されるというもの。いかに大名が所望しても、キッパリと断るという脚色された舞台の姿に、庶民は喝采を送った。また、落語でも「高尾」として面白く脚色されている。三代高尾は俗に西尾高尾と呼ばれ、水戸家御用人西条吉右衛門に落籍《らくせき》されたという。彼女には、その他蒔絵師《まきえし》西条吉兵衛に落籍されたとか、水谷六兵衛（為替《かわせ》を生業《なりわい》とした町人）が落籍したなどの諸説が見られる。さらに、その後に不義密通《ふぎみっつう》や離縁などを繰り返したともいわれ、あまりありがたくない記録も見られる。四代高尾は浅野壱岐守に落籍されたとも、島田重三郎と深い契りを結んだゆえ島田高尾（これは落語の「反魂香《はんごんこう》」の背景となる）と呼ばれたとも、浅野因幡守《いなばのかみ》に落籍されたことから浅野高尾と呼ばれるが、この高尾が五代目との説もある。このように非常に複雑な様相を呈している。それだけ当時の人々の耳目《じもく》を集め、その関心の高さが虚々実々《きょきょじつじつ》の諸説を生んでいったのであろう。ここで、この後の高尾について記しても、あまり意味がないことと思われるので、最後に紺屋高尾について記しておこう。

染物屋に嫁いだ高尾

いちおう、この「紺屋高尾」に登場する孝女にたとえられる高尾は、俗に、五代目で「駄染《だぞめ》高尾」とも呼ばれたという。この高尾は、大変な美人といわれ、教養もあり、気性も穏やかで優しい性格であったという。それで、どんな高貴な所に落籍されてもおかしくないといわれていたのだが、神田お玉が池の紺屋九郎兵衛に嫁いだ。この男が背が低く、鼻はひしゃげており、目は猿のような醜男《ぶおとこ》であったという。加えて染めの技術も下手で、彼の染物は「駄染」と称された。ここから「駄染高尾」の名が付いたという。とはいうものの、夫婦仲良く家業に精をだしたといわれ、人間として幸せな生活を送ったという。どうもこれは、稀代《きたい》の理想的な女性であった高尾を妻にできた男に対する嫉妬《しっと》のなせる技のような気がする。実体は美男子であったという記録もあるし、高尾を身請《みう》けした後に、染物屋をやめて、夫婦でたばこ屋を開業し、「高尾たばこ」と称したその商品で大変に繁盛したという記録もあるのである。落語のほうの原典は、中国の小説で、実在の高尾やそれにまつわる実話や伝聞を加えて脚色したものである。

「盃の殿様」

「盃《さかずき》の殿様」は、こみ上げるような愛情が背景の「幾代餅《いくよもち》」に比べると、浮世絵版画を介在とはしているものの、噺《はなし》はいささか荒唐《こうとう》無稽《むけい》なもので、滑稽《こっけい》色《しょく》が強く出ているものである。内容は、あるお大名が剣道・槍術《そうじゅつ》・馬術などなどの稽古《けいこ》を仮病で逃げているうちに、しだいに内に籠《こ》もるようになり気鬱《きうつ》となる。茶坊主《ちゃぼうず》珍斎が、気晴らしに浮世絵版画を御前に並べて見せる。中でも豊国描く東錦《あずまにしき》絵《え》「全盛花競六花撰《ぜんせいはなくらべろっかせん》」が琴線《きんせん》に触れたようで、殿様ははじめは描かれた吉原の様子や遊女は絵空事といっていたが、いろいろ家臣に聞いてみると本当のことであることがわかる。こうなると、すぐにでも吉原に行くといいだし、家臣一同三百六十人からの一行が新吉原

仮病をつかう殿様

に出向くこととなる。そこで、吉原一であった扇屋《おうぎや》の花扇《はなおうぎ》をみそめ、登楼する。家来衆もご相伴《しょうばん》にあずかり全員が扇屋の客となる。

さて、お殿様、一夜明けて御殿に戻っても、花扇のことが忘れられず、その日に裏を返し、また次の日もと通い続ける。何しろ、家来が窘《たしな》めると、やれ頭がいたむ、胸が苦しいとまた病人に逆戻りする。はじめが、気の病の気晴らしに出かけたことゆえ、また元に戻ってはと、家臣も従わざるを得なかった。そのうち、参勤交代で国元に帰ることとなり、しばらくの別れに家臣一同登楼し、花扇の裲襠《うちかけ》を譲り受け、殿様は最後に百亀百鶴の蒔絵《まきえ》がなされ七合は注げようかという盃に酒を注がせ飲み干して、江戸を立った。国元に帰っても、吉原が恋しく、花扇の裲襠を珍斎に着せて、百亀百鶴の盃で酒を飲むのである。殿様も興が乗り、三百里を十日で走るという足軽《あしがる》の早見東作《はやみとうさく》に、盃を吉原の花扇の所まで届けさせる。吉原に着き、花扇に盃を渡し酒を注ぐと彼女は飲めない酒を飲み干し、では殿様にご返盃と東作に盃をかえす、再び東作は返杯のために国元に走る。途中、箱根山中で大名行列の供先を横切ったことで、捕まり、その殿様の御前に出される。しかし、東作からことの次第を聞くと「大名遊びは、さも、ありたきこと。そちの主人にあやかりたい」と、物わかりのいい殿様で、盃を取り上げると、「頂戴いたす」と一気に飲み干し、東作を国元に走らせる。待ちかねていた国元のお殿様、遅い理由を聞き、「お手のうちみごと、いま一盞《いっさん》と申して参れ」と、今度は、箱根で出会った殿様にご返盃のため、東作を再び走らせる。しかし、どの大名かもわからず、盃を担いだまま未だに毎日走っているとか……という噺である。

何とも落語らしいといえば落語らしいのだが、この馬鹿馬鹿しさが、たまらなく面白いものである。真摯《しんし》な愛情を中心に据えた「幾代餅」に比べると、階級差はあるとしても、この殿様のわがままなことと、遊びにかけての豪快なこと、同じ浮世絵を見そめるという発端《ほったん》こそ共通しているが、その進展と終末の落差の大きいこと。清蔵も久蔵も不相応な金の工面に苦労し愛を貫くのに、金に糸目はつけない殿様は、あくまで遊郭の遊びに徹するのである。対する幾代と高尾は一途な思いに答えるが、花扇はいい旦那（パトロン）を捕まえたことに喜ぶのである。この両者は比べてはいけないものなのかもしれないが、興味深い対比を見せている。片や分類すれば人情噺《にんじょうばなし》系であり、片や典型的な滑稽噺《こっけいばなし》ということであろうか。落語を形成する両輪の似た設定での対比とも見ることができる。殿様を花扇に夢中にさせる原因ともなった「全盛花競六花撰」は、和歌の「六歌仙」になぞらえ、遊女を花にたとえた六枚揃《そろ》いのものであろうことは想像できるが、今のところ現存作品の特定はむずかしい。このような趣向のシリーズは多く制作されている。したがって、この作品が架空のものとするならば、非常にポピュラーな組み合わせが使われたということになる。

歌川豊国

この「六花撰」の作者、豊国の名は、初代の歌川豊国から近現代まで代々襲《しゅう》名《めい》され、複数の絵師が豊国を名乗っている。初代歌川豊国（明和六年〔一七六九〕―文政八年〔一八二五〕。号一陽斎《いちようさい》）は、歌川派の祖とされる歌川豊春《とよはる》を師とし、主に役者の舞台姿や肖像を描く役者で力を示す。その後盛んとなる歌川派の基礎を固め、多くの弟子を育てた。歌川派は江戸後期から明治にいたるまで最大の浮世絵の派であり、庶民の人気を集めた。次いで、江戸後期から幕末の人気絵師歌川国貞《くにさだ》が襲名した三代豊国がよく知られる。三代豊国（天明六年〔一七八六〕―元治元年〔一八六四〕。号五渡亭・香蝶楼・一陽斎など）は、初代歌川豊国の門人で、役者・美人画などをよく描いた。長期にわたって人気絵師として浮世絵を描き、多作の絵師としても知られる。両名に挟まる二代は作画期は短く、作風は地味めではあるものの、実力ある絵師であったが、初代・三代の間で目立たないのが残念な浮世絵師である。この噺に登場した豊国は、これらの豊国（初代から三代）のいずれかであろう。

大名遊び

また、大名の吉原通いであるが、吉原（日本橋の元吉原）が公許の遊郭《ゆうかく》となる元和三年（一六一七）から十八世紀の後半までは、大名や旗本もよく吉原に遊んだ。俗に「大名遊び」などと呼ばれ、最高位の遊女である太夫《たゆう》が彼らの相手をした。太夫ともなると琴棋書画《きんきしょが》・歌舞音曲・古典文学や和歌の素養があり、大名などの教養にあわせた遊びや会話が可能であった。このような遊女を呼ぶには、経済力が必要であり、庶民が簡単に手を出せることではなかった。太夫は「大名の遊び道具」、あるいは「大名道具」などといわれたゆえんである。中には、太夫を身請《みうけ》する大名もあった。遊女屋も格式が高い大店《おおみせ》ともなれば、大名や旗本の登楼も多く、彼らの興に合わせ、座敷の畳を揚げれば、能舞台に早変わりするようなものがいくつもあったという。しかし、大名らの経済力が落ち、また、幕府の武士に対する遊興の制限などから、しだいに吉原から遠のき、代わりに札差《ふださし》や有力商人らが吉原の主客となった。彼らの豪遊は「大尽遊び《だいじんあそ》」などと呼ばれるが、かつての大名・旗本たちの遊興と比べると、遊女に教養は不要なものと変化する。端的な事例が、太夫の数が激減したことである。

また、茶坊主珍斎が、豊国の「全盛花競六花撰」の前に、殿様に見せるのが、歌川国芳《くによし》の「水滸伝《すいこでん》」の揃物《そろいもの》と歌川広重の『名所江戸百景』である。

「恐れながら一百八人、水滸伝の豪傑にございます」

「何者が描いた」

「名人の聞こえをとりました、只今盛んの国芳が筆をとりました」

「これは何じゃ」

「広重の描きました江戸名所でごいます」

歌川国芳と『水滸伝』

この歌川（一勇斎）国芳（寛政九年〔一七九七〕―文久元年〔一八六一〕）は、初代豊国の門人で、さまざまなものを描くが、着眼・構図・構成などに奇才・奇想を発揮し、溌剌《はつらつ》とした独特の世界を構築した絵師である。そのバラエティに富んだ彼の業績は、近年とみに評価が高いが、実は、作品の出来不出来の幅の大きな絵師でもあり、驚くほどの奇想に満ちた素晴らしい作品があるとともに、凡庸《ぼんよう》なものも少なくない。しかし、この作品による振幅《しんぷく》の存在が国芳の魅力の一面なのかもしれない。

国芳は、文政の初めごろから武将を描く「武者絵《むしゃえ》」が人気となり、この延長線上に盃の殿様の見た「水滸伝」の絵がある。『水滸伝』は、早くから日本でも刊行され評判となっていたが、文化三年（一八〇六）に曲亭馬琴《きょくていばきん》が『新編水滸画伝』という読本を執筆する。版元とのいざこざから途中で刊行が中断するが、葛飾北斎《かつしかほくさい》の斬新な挿し絵を多く含んだこの本は、当時の水滸伝人気に拍車をかけた。このような状況の中、武者絵を得意とした国芳による「通俗水滸伝《つうぞくすいこでん》豪傑《ごうけつ》百八人《ひゃくはちにん》之一個《のひとり》」シリーズが刊行され人気を集めたのである。

このほか、国芳は、美人画、風景画（洋風風景画など）、戯画、風刺画などに優品が多く認

図14　歌川国芳「九紋竜史進」（揃物「通俗水滸伝豪傑百八人之一個」より）

められる。多くの優秀な弟子を育て、また無類の猫好きであったことが知られる。広重と『名所江戸百景』については、本章の最後に取り上げる「芝浜《しばはま》」を参照願いたい。

売れた浮世絵と土産物

ここまでの噺は、みな浮世絵版画に描かれた美しい遊女を見そめることから、内容が添加していくという形態である。実際、浮世絵版画には遊女をはじめとする美人は格好の題材であったことはまちがいない。前述のとおり、浮世絵版画は、時の時流に合わせた商品であり、庶民の好みに迎合《げいごう》した販売形態をとる場合が多かった。販売元の版元は、売れなければ損をするという、経済的なリスクを常に負っていたため、いかに売れる絵を作るかに苦慮していた。現在の美術品としての版画の販売形態とはずいぶん異なるものであった。当時江戸の庶民の人気は、歌舞伎や遊郭が一、二を競っており、おのずと歌舞伎の舞台や役者の姿あるいは、吉原の風俗や、人気の遊女が多く描かれている。

美人でいえば、寛政期（一七八九〜一八〇一）などでは、町娘などで評判の美人たちもよく描かれているが、寛政八年（一七九六）には、彼女たちの名前を画中に記すことが禁じられた。遊女などの玄人《くろうと》女性を描くことは許されたが、素人を描いた浮世絵は禁じられたこともある。江戸時代をとおして、美人画として描き続けられたものは、実は遊女たちの姿であった。ただ、それとても、時には幕府よりさまざまな制限が付けられた。

これらは、江戸の今を伝える格好のものであり、地方への良い江戸土産《えどみやげ》として購入され、各地に運ばれていったのである。これらには、江戸名所を描いたものや、子ども向けのもの、江戸の風俗を端的に描いたものがよく選ばれている。そんな状況を背景とした次の噺に移ることにしよう。

「花　瓶」

しびんから花瓶に

武士と浮世絵の関係では、「花瓶《かびん》」を紹介しよう。短い噺《はなし》であり、かつ花瓶ならぬ溲瓶《しびん》が中心となる尾籠《びろう》系の噺で、現在ではあまり聞くことができない。もともとは上方《かみがた》で成立した噺のようで、本来は「しびん」もしくは「しびんの花活け」などという直接的な題名である。ところが、このような題では、聞く方も気分が悪いということか、戦後に東京放送局（現ＴＢＳ）の都合で「花瓶」もしくは「花入れ」と上品に題されて放送されてから、この題が主に使われるようになったという。楽屋内の会話やネタ帳では「しびん」でなされ、この題で高座に掛ける場合もある。確かに、噺の中では、花活け・花入れは語られるが、花瓶とはいわない。原典は、宝暦（一七五一〜六四）ごろの軽口本《かるくちほん》に類話が複数見られる。八代目の桂《かつら》文楽《ぶんらく》がたまに高座に掛けていたが、内容的にも文楽クラスがさらりと話す方が後味が悪くなく聞ける。

さて、内容は、国元から所用で江戸に出てきていた田舎《いなか》侍《ざむらい》が骨董屋《こっとうや》で花活けを所望する。店主が見せるものから目を転じると、変わった形のものがあり、それを求めるという。店主がそれは溲瓶であると説明するが、〝しびん〟という作者と勘違いし、珍しい品として購入することとなる。店主は、この侍が明日国元に帰ると聞き、高々二十文程度の日用雑器を渡物《わたりもの》（海外からの渡来品）で、日本に二つしかない名器といつわり五両をせしめる。宿に帰った侍が、溲瓶にさっそく花を生け、悦に入っていると注文の品を届けに来た本屋がそれを見て驚き、武士にもやっと溲瓶であることがわかる。すぐに骨董屋に出向き、刀の柄《つか》に手を掛けると、あの五両は病気の母の薬代とし、無事投薬が済んだら、命を預けると骨董屋がいう。武士は、親のためなら命も金もくれてやると帰っていく。一部始終を見ていた骨董屋の友人が、よく金を返せといわなかった、さすが武士だと感心していると、「小便はできねえんだよ。溲瓶が向こうにあるんだ」という落ちとなる。現在なかなか高座に掛からない一つの理由が、この落ちがわからないことにある。「小便をする」が売買契約の破棄を意味する俗語であり、これが一般的に通用しなくなったことから、噺家が取り上げなくなってしまったようだ。また、異なる落ちに、怒って店にきた田舎侍に対し店主は平謝《ひらあやま》りし、お詫びにこれも付けるので勘弁して欲しいと水盤を差し出す。田舎侍は、それを見て激怒し、「今度は女の溲瓶か」という尾籠に尾籠を重ねたものもある。

東錦絵とおもちゃ絵

この噺には宿における武士と本屋の会話も演出されるが、挨拶《あいさつ》ののち本屋はこういう。

「どうも、お楽しみのところお邪魔いたしまして相済みません。旦那さん、早速でございます。ご注文の品……『江戸砂子《えどすなご》』が二冊でございます。それから、ぇぇ『漢楚軍談《かんそぐんだん》』のほうが六冊よりまとまりません。これまとめまして、お国表の方にお送りいたすことに……それから旦那さん、いつも同じようなものでございますが、江戸の土産《みやげ》でございます。東錦絵《あずまにしきえ》でございます。どうぞ坊ちゃん、お嬢ちゃんにお持ち帰りを……」

この本屋の話から、武士が江戸に来るたびに、この本屋になにかと注文していたことがわかる。今回は菊岡沾涼《きくおかせんりょう》著（享保十七年〔一七三二〕刊）の江戸の地誌《ちし》（現在のガイドブック的な本）『江戸砂子』（六巻六冊、後に六巻八冊）と夢梅軒章峯《むばいけんしょうほう》・称好軒徽庵《しょうこうけんきあん》著（元禄三年〔一六九〇〕序）の仮名草子『漢楚軍談』（正しくは頭に「通俗」が付く。秦の始皇帝から漢の高祖までの中国の軍談、十五巻二十冊）を注文し、届けられている。面白いのが冊数で、本来のものと異なるのは（『江戸砂子』が六冊もしくは八冊が二冊、『通俗漢楚軍談』は二十冊が六冊）、それぞれの本を合冊《がっさつ》してまとめたものであろう。本屋の方で買い手が扱いやすいようにまとめて合冊し、国元まで送り届けるまでしている。合冊することで、数冊分の表紙と裏表紙が不用となるが、当時の和書（版本）のボリュームを考えれば、それだけでそうとう束《つか》（本の厚さ）を薄くすることができた。送り届けるにしても、大きさと重さで料金が変わることを考えれば、お互い賢明な策であったろう。

そして、子どもの土産にと渡される東錦絵であるが、これは浮世絵版画のことである。江戸の名物でもある浮世絵版画は、江戸土産として地方に多く運ばれたといわれる。浮世絵版画というと江戸だけと思われるかもしれないが、上方（大坂を中心）や名古屋、あるいは長崎、富山（売薬のおまけ）などでも制作されている。しかし、版元や絵師の数の多さ、消費量の多さ、技術的な研鑽《けんさん》などで江戸が他の地域と比べ群を抜いていたことはまちがいない。他の版画類もそれぞれ独特の味わいがあり、愛好者も多いのだが、知名度の点でも、江戸の後塵《こうじん》を拝している。木版多色摺の浮世絵版画は「錦絵」と呼ばれた。これは、錦織のように美しいということから、織物の最高峰になぞらえた名前であった。また「東錦絵」「吾妻錦絵」いずれも江戸で作られた浮世絵版画を指す言葉である。最新の浮世絵版画を江戸で入手し、土産とすることは、江戸時代から明治時代半ばまでは定番中の定番であり、まさに、その証左としての行為が語られるのである。この本屋の挨拶に続き、武士が、

「いやぁ、毎度土産を貰うて済まんな。いやぁ子どもは正直での『父上、江戸に行かれたら、また本屋さんから土産を貰うてくれるように』なぞ申してなぁ。いやぁ喜ぶであろう。貰います」

と続く。子どもも浮世絵版画を江戸に行く父にねだるのである。浮世絵版画は、土産として、江戸の名所・芝居（歌舞伎）・美人（吉原などの遊郭風俗《ゆうかくふうぞく》）などが描かれたものが定番であるが、子どもの土産であるとすると、ここで本屋が持参したのは「おもちゃ絵」と称されたこども向けに制作された浮世絵版画かもしれない。

「おもちゃ絵」（現在では「遊び絵」という呼称もあるが、江戸時代には存在しない）と呼ばれるものは、子どもを中心に大人まで、遊ぶこと、あるいは遊びに供することを目的に出版されたものである。同時期に制作された浮世絵版画と同じ過程を経て制作・販売された。通常、浮世絵版画の一ジャンルとして考えられるが、浮世絵が主に観賞が目的であったこ

とに対し、遊び絵は遊ぶ（使う）ために制作されている。つまり実用的な浮世絵といえよう。たとえば、双六《すごろく》・かるた・凧《たこ》絵《え》・千代《ちよ》紙《がみ》・組み上げ絵・着せ替え・変り絵（折り変り）・鬘《かつら》合《あ》わせ・判《はん》じ絵《え》などがあげられ、そのほか種類も内容も多岐にわたる。見て楽しむ（遊ぶ）ものもあるが、折る・切る・貼り合わせるなど加工しないと楽しめないものも多い。加工し、遊び飽きたら捨てられるはかない運命のものであった。そのために、かつ

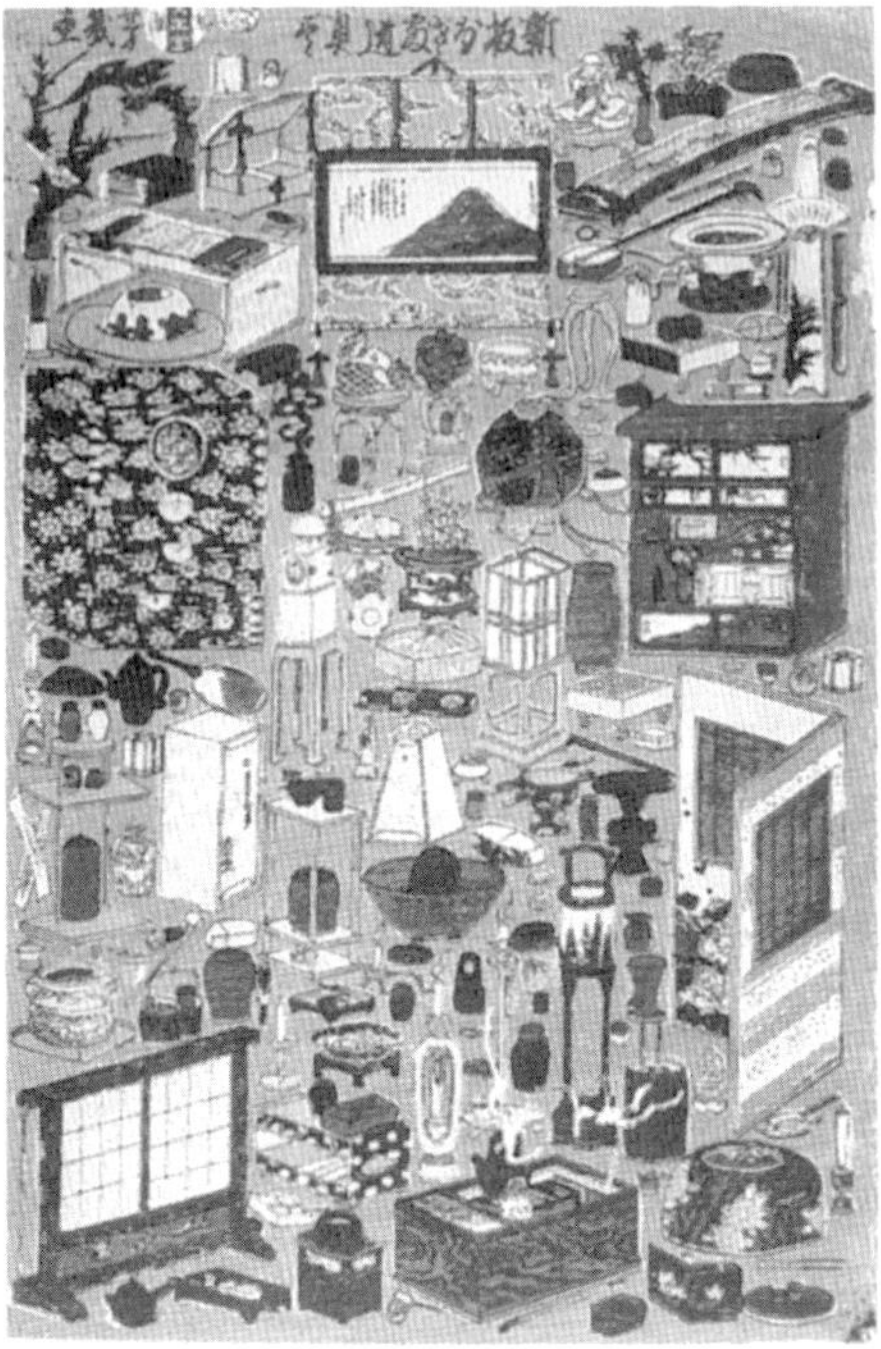

図15　おもちゃ絵（芳幾「新板お座敷道具尽」、たばこと塩の博物館所蔵）

ては評価も低く、今に残るものは案外少ない。現在では、児童文化史の面から見直されつつあり、江戸文化の一側面を伝える貴重な資料として評価されている。それは、単におもちゃとしては片付けられない教育教材としての有効性（文字や数、ものの名前を覚える、切る貼るなどで手先の鍛錬になるなど）や、世界的に見て、十八・十九世紀では印刷は一色のものがほとんどあったのに、幼児期から色彩豊かな印刷物が身近にあるという環境に江戸時代の児童が恵まれていたことなどである。また、今後の研究によりさらに評価は高まることと考えられる。

以上、武士と本屋との関係からの考察はこんなところであろうか。それにしても、床の間に飾られた花を生けた溲瓶を見た本屋は、さぞや驚いたことであろう。また、同じ骨董品を扱うにしても、「ふだんの袴」に登場する御成《おなり》街道沿いの骨董《こっとう》商と、この噺の店の商売の仕方、店の格などの違いの比較も興味深いものである。

「藁人形」

千住小塚原

今度は、落語に絵双紙屋が登場するものを紹介しよう。「藁人形《わらにんぎょう》」という噺《はなし》で、江戸四宿《ししゅく》の一つ千住《せんじゅ》が舞台となっている。江戸四宿は、江戸を起点とする街道で、下りであれば市中最後の宿場、上りでは最初の宿場に当たる。東海道は品川、中山道は板橋、甲州街道は新宿（内藤新宿）、日光街道と奥州街道が千住で、市中とはいえ宿場であり、伝馬《てんま》もいれば旅籠《はたご》もあった。旅籠には、街道の旅籠同様に飯盛り女《めしもり》（飯売り女ともいう。旅籠の客の世話とともに、売春もする女性）を抱える所も多く、岡場所《おかばしょ》をも形成していた。千住は、日光街道と奥州街道が千住大橋で荒川と交差する先にあった。ついでにその江戸寄りが小塚原《こつかっぱら》、略して「こつ」とも呼ばれた幕府常設の御仕置場《おしおきば》で、品川の鈴ヶ森とともに知られている。双方とも街道沿いで、鈴ヶ森は東海道品川宿の近く、江戸市街地の入り口に配されている。鈴ヶ森が刑場のみであったのに対し、千住は埋葬地も存在し、刑死者はもちろんのこと、獄死者や行路病死者などを埋葬した。明和八年（一七七一）に杉田玄白《げんぱく》らが、死刑囚の死体を腑分《ふわけ》（解剖）した場所として、蘭学史・洋学史上にその名を残している。

絵双紙屋の売物

落語の内容は、千住小塚原にある若松屋という遊女屋にお熊という遊女がいた。彼女は元は糠屋《ぬかや》の娘だが、家が火事になり、遊女に身を落したが器量も良く、店で一番贔屓《ひいき》客《きやく》が多かった。お熊の所に、小塚原に住む願人坊主《がんにんぼうず》の西念《さいねん》が来ては、位牌《いはい》に念仏（いい加減なもの）を唱え、供養としてわずかな布施《ふせ》を得ていた。あるとき、自分の旦那が駒形に絵双紙屋の売り物があったので半金二十両払って上方に帰ったが、その絵双紙屋は、お熊が女主人になるのだが、女手一つでは心許《こころもと》ない、かねがね西念さんは死んだ父に瓜二つでもあり、その店に引き取るから父親孝行のまねごとをさせてほしい。旦那にもこのことは話してあり、了解を得ているからという。西念にとっては、またとない良い話である。数日後に西念がお熊を訪ねると、四、五日中に後金《あときん》の二十両が払えないと他に売るといわれたと嘆いている。実は西念は元火消で、火事場で喧嘩のあげく相手を傷つけ、後にそれが元で、その相手を死なせた過去を持っていた。それで、火消をやめて願人坊主になったが、頭《かしら》が別れのときに花会《はなかい》（賭場《とば》）を開き、集まった金を二十両ばかりくれたものを、今でも瓶《かめ》に隠してある。その金をお熊に渡すが、後は知らぬ存ぜぬ、金だけだまし取られたのである。お熊曰《いわ》く、あの金は、あの晩の飲み食い泊まりの勘定《かんじょう》だととりあわない。なぜ、自分が二十両持っているのを知っていたのかと聞くと、遊女たちとの間で、あんな汚い坊主が実は金を持っていたりする、いやそんなはずはないと言い争いになり、試しに聞いて、もし持ち金があり、首尾《しゅび》良く巻き上げられたらみんなに奢《おご》るということで、口から出まかせで話をしたら、お前が勝手に金を持ってきた――とひどい話になる。西念は、その恨みを晴らそうと、藁人形を作り、なぜか油を満たした鍋の中に入れ火をかけていた。そこに友人が来て、取るなといった鍋《なべ》の蓋《ふた》を開けられ、中の藁人形を見られてしまう。友人が、なぜ五寸釘《ごすんくぎ》で打たないのかと聞かれると「それは釘じゃ利かねえんだ。相手の女（妓）がなぁ、糠屋の娘だ……」という落ちになる。昔は、ここでどっと笑いが来たそうだが、現在では、この落ちがわからない人が多くなったそうである。諺《ことわざ》の「糠《ぬか》に釘《くぎ》」（「暖簾《のれん》に腕押《うでお》し」同様、効き目がないというたとえ）が慣用句《かんようく》であった時代は有効であったということであろうか。落語において、落ちの説明――特にいったん落としておいてから、なぜここがおかしいのか、などということを話すと、いささか興ざめになる。やはり、すっと落として、お辞儀の後、楽屋に下がるというのが絵になるものである。そのために、枕の部分で〝先に保険をかけ〟関連の話を十分に含め、説明してしまうという工夫をしている噺家さんもいる。落語に、解説が必要な時代になってしまったのだろうか。

今までの噺のように、浮世絵が登場するものではないが、ここでは、絵双紙屋が出てくる。絵双紙屋を買い取る代金が四十両というのが適当なのかどうか、私はわからないが、確かに大金ではある。ただ場所が駒形（浅草）というのが、やや場末の感じがする。というのは、江戸時代、絵双紙屋は日本橋や芝に大店《おおだな》が集中していた。日本橋は商業の中心地であり、さまざまな商店が店を並べており、諸国から江戸に入った人たちの多くは日本橋界隈《かいわい》に宿を取り、特に商人が多かった。また、芝は、東海道で通る場所であり、街道沿いに店が集中していた。江戸の人はもちろんのこと、地方の人たちの江戸土産としてまさに適所に店が存在していたことになる。

「芝浜」

枕の広重百景

ここで「芝浜《しばはま》」にもふれておくことにしよう。「芝浜」では、特に特定の噺家《はなしか》として三代目桂三木助《かつらみきすけ》のものが印象深く、「芝浜」といえば三木助の名をあげる人も多いことであろう。実は三木助をかわいがり、一門に加えていた八代目桂文楽《かつらぶんらく》も「芝浜」に取り組んだが、結局ものにしていない。これは、三木助の「芝浜」には及ばないと文楽が思うにいたったからであろう。噺に関しては完全主義者であった文楽らしいエピソードでもある。確かにそれだけ三木助の「芝浜」は、素晴らしいものであった。もちろん、現在生《なま》で三木助の「芝浜」は聞けないが、今に残る彼の録音が商品化されており、おそらくどの音源でも彼らしい「芝浜」を聞くことができると思う。

さて、浮世絵が出てくるのは実は噺の中ではなく、三木助の枕の部分で登場する。

東京が江戸と申しました時代と、ただ今とは大変な違いですな。昔は隅田川で白魚《しらうお》が獲れたれたなんという、何かのんびりとした時代であります。広重百景なぞを拝見しますと、大きな四手網《よつであみ》であの白魚を獲っている絵なんぞがよく描いてございまして……

ちなみに三木助は、広重百景を、「しろしげしゃっけい」と江戸訛《えどなま》りで発音している。舞台に出て座布団に座り、深々とお辞儀をした後の、開口一番で語られるのが、この広重百景である。これは正しくは『名所江戸百景』といい、初代歌川広重《うたがわひろしげ》の揃物《そろいもの》であり、全部で百十八枚、これに目録と、二代広重の一枚を加え百二十枚の揃物として知られる。刊行は安政三年（一八五六）から五年で、広重は安政五年九月に没しており、広重最晩年の作品でもある。全作品が、縦《たて》つかいの大判錦絵で、近景と遠景を極端に描き分けた独特の遠近描写をしたものが多いことなどが特徴である。この『名所江戸百景』中、四手網が描かれた作品は、「永代橋佃しま《えいたいばしつくだ》」「八ツ見のはし」などで見られるほか、「はねたのわたし弁天の社」では、船上の網干風景が、「利根川ばらばらまつ」では投網が印象的に描かれている。三木助の枕に直接関係するのは「永代橋佃しま」あたりであろうか。また、広重の他の江戸名所でも、佃島あたりを描いたものには、四手網での白魚漁がよく描かれている。

ゴッホなど印象派の画家たちに影響を与えた初代歌川広重（寛政九年〔一七九七〕―安政五年〔一八五八〕。号一遊斎・一幽斎・一立斎・立斎など）は、江戸八代洲河岸《やえすがし》定火消屋敷《じょうひけしやしき》の同心の安藤家に生まれ、父の職を継ぐが、やがて、子に家督を譲り隠居する。その前か

図16　初代歌川広重「永代橋佃しま」
（『名所江戸百景』より）

ら、狩野派・南画・四条派の各画を習得していた。文政に入ると版本挿《さ》し絵などを描くが、広重が名をなすのは名所絵・風景画であり、はじめ江戸名所などを描くが、天保九年（一八三八）ごろに保永堂から出された「東海道五十三次」のシリーズの好評により名声を得る。その後も、江戸や各地の名所・各街道の風景などを描き人気絵師となる。また花鳥画にも優れた作品が見られる。広重も多くの弟子を育て、広重の画号も代々引き継がれた。

近代以降、広重の描いた風景画の四季の移ろいや天候、あるいは光線などの表現の叙情性の存在から、叙情絵師《じょじょうえし》などとも称されている。海外においても同様に広重の作品の評価は高く、彼の藍色《あいいろ》の使い方の見事さから、その藍使いは「広重ブルー」といわれた。

ベロ藍とは

しかし、ヨーロッパで評価された広重の藍は、「ベロリン藍」俗に「ベロ藍」「金ベロ」と呼ばれた絵の具を用いたもので、実は、オランダからの輸入品であった。浮世絵版画では、青は、藍を用いているが、文政末から天保初めころに「プルシャンブルー」と呼ばれる染料が輸入され、浮世絵版画に利用されはじめた。「プルシャンブルー」とはプロシャつまりドイツの青い化学染料であり、「ベロリン藍」はベルリンから来た藍ということであるが、オランダがこれをベロリンと呼んでいた。「ベロ藍」はその省略語である。

それまで浮世絵版画では、藍染めの布を煮出してとったものや、露草《つゆくさ》の花汁《かじゅう》で染めた紙（藍紙）を水に浸して出した色を用いていたが、独特の味わいはあるものの、退色が早いのが欠点であった。この「ベロ藍」は、植物性独特の深みこそないが、透明感を含む鮮やかな色合いを演出でき、さらに退色が少ないという利点があった。当時の浮世絵版画では、このベロ藍の登場はセンセーショナルなことで、それを使用することが大いに行われた。特に濃淡を微妙に使用することで、新しい表現が可能となり、以後、浮世絵の藍色はほとんどがこの藍となる。一つの流行の例では、ベロ藍のみで絵を描く「藍絵」が短い期間であったが行われた。広重の出世作「東海道五十三次」は、日本でベロ藍が使用され、定着したころに作画期があたり、当然ながら使用された藍はベロ藍である。広重は、巧みにそのベロ藍の特性を活かした表現を行った。以後の作品もこの姿勢は変わらず、いかにも日本独特の藍を独自の表現をしたように「広重ブルー」の称号を与えられたが、実は、与えた側（ヨーロッパ）の染料が使用された表現であったのだ。

落語の中の渡来文物

「らくだ」――名前の由来は渡来動物

渡来物と文物の情報　海外との交流を制限した鎖国政策下の江戸時代ではあるが、まったく門戸を閉ざしていなかったことの説明は不要であろう。長崎において、オランダと中国（清）と限られたものではあったが、文物の交流が行われ、それらが、庶民階層にまで影響を与えたことも少なくなかった。そんな状況を落語から探ってみると、「らくだ」のような大ネタがそれに該当してくる。最後に紹介する「双蝶々《ふたつちょうちょう》」は、噺《はなし》の中に登場する品物という直接的なものであるが、「らくだ」には、海外文物の情報と流行という側面が大きく関与している。

「らくだ」とは

「らくだ」という噺は、つくづく不思議な構成だと思う。まず、演題にもなっている「らくだ」とあだ名される馬公《うまこう》（あだ名がらくだで、本名が馬というのもすごい設定であろう）という男、その本人の死後から噺がはじまるという構成に驚かされる。本人のことは、冒頭で多少説明がなされるほか、他の登場人物の口から語られる以外は、口もきかない死体なのである。主人公が死体という、他にあまり例のない噺でもある。噺の成立は、文政四年（一八二一）に日本に運ばれ、国内各地で見世物興行が行われた雌雄《しゆう》二頭のラクダが大変に話題となったことが影響している。ラクダが、図体が大きく、のそのそと動きが緩慢で、ただぶらぶらと暮らしているように見えたことから（実際のラクダの動きは、イメージよりはるかに機敏だそうである）、そんなような男に、あだ名にらくだが付けられたのであろう。つまり、想像ではなく、見世物で本物の様子を実見したことがあるからこそのあだ名であろう。噺の原典は、上方落語《かみがたらくご》の「らくだの葬礼《そうれん》」で、明治の名人と称された三代目柳《やなぎ》家《や》小さんが東京に移植し、江戸風の脚色を施したものが、現在東京で聞かれる「らくだ」である。

内容はこうである。長屋の嫌われ者「馬（馬公）」は、体は大きいのだがふだんは怠け《なま》者で、ぐうたらのうえ大酒のみで酒乱という困った人間。しかも、友人の忠告も聞かず、時期はずれの河豚《ふぐ》を食べてあえなく往生《おうじょう》してしまう。そこへ前日忠告して心配しつつ別れた兄貴分の半次が、様子を見に家を尋ねてくる。思いもかけぬ（その割には、この人物非常に落ち着いているところも面白い）らくだの亡骸《なきがら》を前に、葬式をしてやろうと考えていると、そこへやってきた屑屋《くずや》の笊《ざる》と秤《はかり》を取り上げ、月番からは長屋中の香典《こうでん》、大家からは酒と肴《さかな》、八百屋から棺桶かわりの四斗樽《しとだる》（菜漬の樽）を持ってくることを強要する。屑屋には、だめなら死人に〝かんかんのう〟を踊らせるといって相手を脅かすことを命じる。そして、断固要望を断った大家宅には、半次と屑屋の二人で死体のらくだを担ぎ出し、本当に踊らせ、酒と肴を持ってこさせることに成功するという、何とも荒唐無稽で悪趣味な趣向である。いずれの家も、生前のらくだの所行《しょぎょう》に迷惑・実害を被っており、その死を喜ぶが手むけることなく、まして香典やその代わりを進んで出す者は一人もいないのである。が、しかし、誰も死体のかんかんのうは歓迎しない。長屋連中はその言葉のみで従い、突っぱねた大家は、実際に死体を運び込まれ、かんかんのうを踊られ、酒と肴を供出し、八百屋は、大家宅での話を聞いてこれも従い、すべてのものが揃《そろ》えられる。

その後、届いた酒と肴で、二人で葬儀のまねごとをしながら、酒を酌《く》み交わす。ただし、屑屋は、一刻も早くその場を立ち去りたいのであるが、商売道具を取られているため、しかたなく付き合う。しだいに酒が回ると、酔っぱらって気の大きくなった屑屋と、半次の立場が逆転するのも聞かせる趣向の一つである。やがて、らくだの頭を剃り、樽に入れて焼き場に運ぶが、途中で転んで落としてしまう。それに気が付かず焼き場から探しに戻ると、酔っぱらって道に寝ていた願人坊主を間違えて拾い上げ、焼き場に連れて行く。願人坊主は、もちろん酔っぱらっているだけだから、口もきくし動きもするが、さらに酔っている半次と屑屋は、相手をしつつ火に入れようとすると、願人坊主が「ここは一体何処だ?」「火屋《ひや》だ!」「あぁ冷酒《ひや》でいいからもう一杯……」。「火屋」「冷酒」を掛けた落ちとなる。葬儀のまねごとのところで終わらせる短い形もあるが、全編になると比較的大ネタの噺である。

らくだの日本上陸

この噺は、現在でもよく知られている噺であり、内容に関して云々《うんぬん》するより、背景が面白く、題そのものにもなっている「らくだ（ラクダ・駱駝）」について、さらに「かんかんのう（看々能）」の二つについて、少し掘り下げてみたい。

現在では、珍獣といわれるパンダにせよコアラにせよ、日本に生息しない動物でも、各地にある動物園にでかければ見ることができる。動物園は、博物館などの社会教育機関として位置付けられ、ただ珍しい動物を見せるだけではなく、動物を飼育しその生態などを調査研究する施設となっている。動物園では、大人でも子どもでも、動物たちの様子を楽しみながら一時を過すことができる。では、動物園の存在しなかった江戸時代では、庶民は珍しい動物を見ることはできなかったのであろうか。実は、機会として多くはなかったが、彼らは、ラクダや象を見ることができたのである。鎖国政策下、海外との交渉・交易は幕府の管理のもとに厳しく制限されてはいたが、時として、思わぬものが船載《はくさい》され、日本に届けられている。動物で多いものは鳥で、「おらんだめいてう（阿蘭陀名鳥）」などと称されたカナリア・インコ・オウムなどの小さいものから駝鳥《だちょう》まで運ばれて、日本人に喜ばれている。鳥以外では、象やラクダも持込まれ、長崎から大坂～江戸と移動し見世物として人々の耳目をひいたのである。近年話題となり、テレビのニュースやワイドショーで取り上げられ、その出没地に多くの人が集まったことで有名となった「たまちゃん（最初の出没地が多摩川河口であったことからこの愛称が付けられた）」などのアザラシなどは、江戸時代から、時々南下したものが見つけられ話題となっているし、それが捕獲されたり、松前（蝦夷地《えぞち》・北海道）で捉《とら》えられたものが、見世物になるなど、輸入というようなことではなく、偶然の機会を得て珍しい動物が見られる場合もあった。

文政四年六月に長崎に入港したオランダ船には、アラビア産の雌雄二頭のラクダが積み込まれていた。この二頭のラクダについては、当時としては相当センセーショナルなこととみえて、長崎版画の画題になったほか、多くの日記や随筆に記録されている。

『甲子夜話』とらくだの顚末

はじめに松浦静山《まつらせいざん》の著した随筆『甲子夜話《かっしやわ》』を紹介しよう。この随筆中には、再々ラクダについての記述が見られる。ラクダの初出は巻八の十四条で、そこには、次のように記されている。

去年（文政四年）蘭船　駱駝ヲ載テ崎ニ来ル　夫《それ》ヨリ此《この》獣東都ニ来ルベシヤナド人々云シガ遂ニ来タラズ　先年某侯ノ邸ニ集会セシトキ　画工某ソノ図ヲ予ニ示ス　今旧紙ノ中ヨリ見出シタレバ左ニシルス　図ニ小記ヲ添テ曰《いわく》　享和三年　癸《みずのと》亥《い》七月長崎沖へ渡来ノアメリカ人拾二人ジャワ人九十四人乗組ノ船積乗セ候馬ノ図ナリ　前足ハ三節ノヨシ爪マデハ毛ノ内ニナリ　高サ九尺長サ三間ト云　ソノ船交易ヲ請タルガ禁制ノ国ナレバトテ允《ゆる》サレズシテ還サレリケリ　コレ正シクラクダナルベシ　此度ニテ再度ノ渡来ナリ（かっこ内は引用者付加、以下同じ。出典は、松浦史料博物館蔵『甲子夜話』正本、以下同じ）

静山は、文政四年（七月）に長崎にラクダが来て、江戸にも来ると聞いていたが一向に

図17・18 『甲子夜話』に描かれたラクダ(松浦史料博物館所蔵)

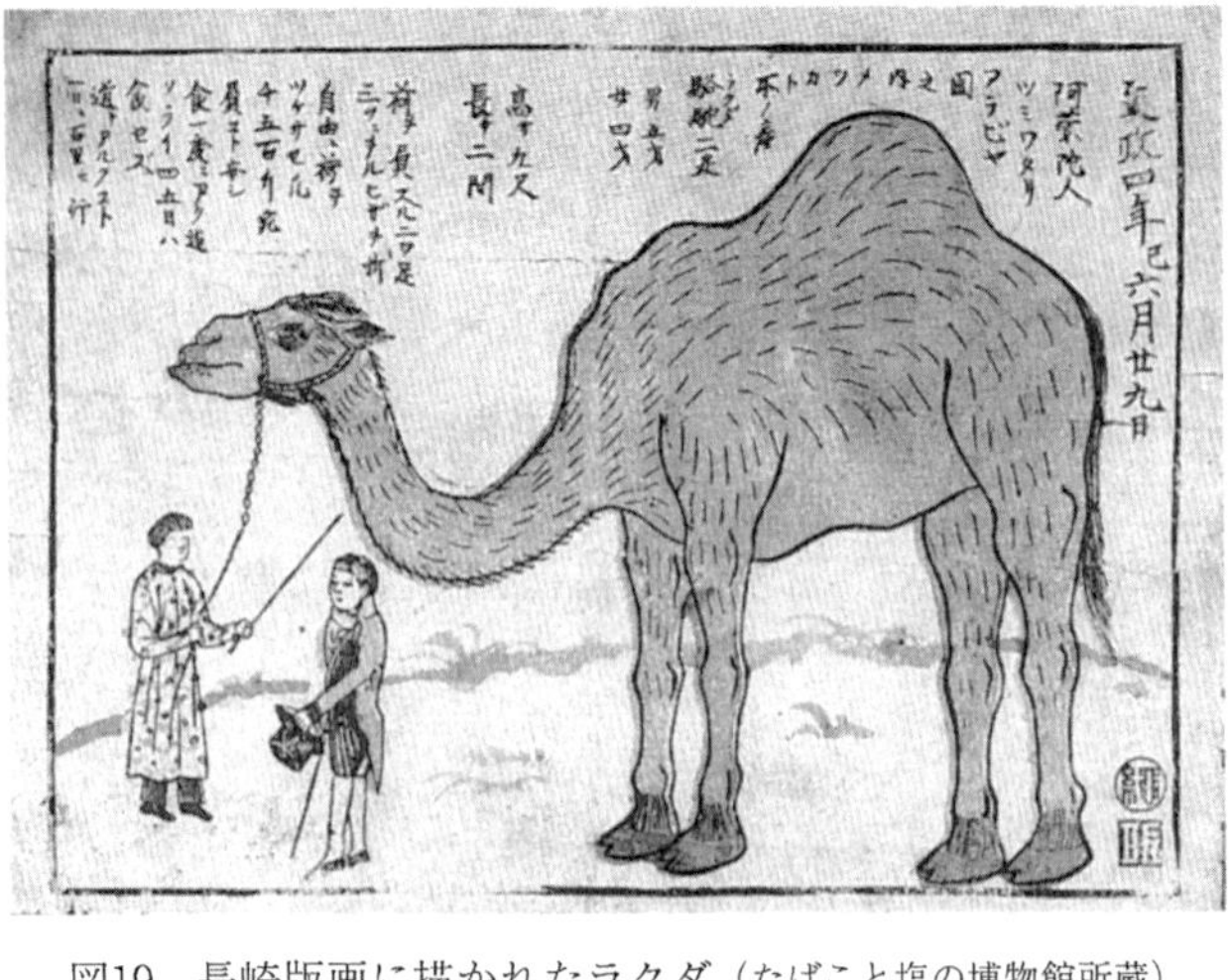

図19　長崎版画に描かれたラクダ（たばこと塩の博物館所蔵）

来ない、と残念がり、以前、享和三年（一八〇三）に長崎に来航した船に乗っていた馬の図を見て写した図をひき、これはラクダだったのだろうと論じている。さすが、博学多才な大名であった静山公、お見事な推察である。確かに長崎に来航したラクダを積んだアメリカ船ナカサキ号は、通商を要求したが、当然ながら承認されず、積んだラクダもそのままに日本を後にしている。この時に、ラクダが来たという噂《うわさ》が長崎から、京・大坂、ついには江戸にまで伝わり、やがてラクダは江戸でも見られるだろうといわれた。しかし、実際、ラクダは長崎に上陸すらしなかったのである。

ここで、余談になるかもしれないが、魅力溢れる大随筆である『甲子夜話』について、少々述べておこう。『甲子夜話』は、肥前平戸藩《ひぜんひらどはん》藩主松浦家の三十四代当主静山（宝暦十年〔一七六〇〕―天保十二年〔一八四一〕）。名は清で、静山は隠居後の号）が著した随筆で、正編百巻・続編百巻・三編七十八巻に目録三巻を合わせ二百八十巻にも及ぶ大著である。静山が文化三年（一八〇六）に役職を辞し、隠居の身を江戸本所の別荘に置き、懇意《こんい》であった儒学者林述斎《じゅっさい》のすすめにより、文政四年十一月十七日から書き起こした。この起筆の日が甲子《かっし》（きのえね）にあたり、書名となっている。例の見世物になったラクダが長崎に上陸した年と同年である。この後、静山が八十二歳で天寿を全うする天保十二年（一八四二）まで二十年にわたり書き続けられ、他に例のない大著となっている。内容的には、静山自身の周辺に起こった出来事や見聞の記録・交友関係や側近の者たちからの聞き書きを専《もつぱ》らとし、考証的・日記的・備忘録《びぼうろく》的・雑録《ざつろく》的・雑抄《ざつしょう》的とその時々で表し方は変化している。その記された記事は、幕末の世相や風俗・風聞が記録された資料として、社会世相史・文化史・風俗史などの分野で有益な歴史資料として位置付けられている。

『甲子夜話』の特色は、まれに見る大著であることも重要なことではあるが、将軍の行列や他大名の行装の次第を細かく記し、過去の武将の事績の記録、諸国の災害の状況や政治向の事件の詳細を記録するなど、筆者が大名であったことから起因するものが上げられよう（シーボルト事件に関する記述なども多い）。さらに異変・怪事（狐狸妖怪《こりようかい》の類《たぐい》も含む）の伝聞《でんぶん》や機知・軽妙なる笑話の記録などが、『甲子夜話』を資料として用いる研究者らが特色としてあげるものである。それらに挿し絵が多く描かれていることも見のがせないことである。いずれも彩色の挿し絵で、克明な描写のものが大多数である。数種の活字本が出版されているが、残念ながらこれらの挿し絵は、古くは線画の写しか、モノクロの写真版で処理されている。

ここに、もう一つ、忘れてはならない最も重要な特色をあげておきたい。それは海外情報や海外の文物に関する記述の多さである。当然ながら、幕末期に日本の近海に出没する外国船の情報など、前述の政治向の事件記録として整理もできよう。しかし、その詳細さや取り上げる量の多さは、他の随筆とは比較にならないほど多いと考えられる。当然ながら、静山の個人的な興味がその分野に向けられていたこともあろう。そして、この傾向の背景に、国元での彼の住居が平戸であったことと無関係ではないだろう。平戸はいうまでもなく、十六世紀後半から十七世紀前半にかけ、中国やポルトガル・スペイン・オランダ・イギリスなど各国の船が来航し、交易を行なった国際貿易港であった。寛永十八年（一六四一）にオランダ商館が長崎出島に移転するまでは海外貿易の拠点であり、代々の松浦家当主は、訪れた海外の人たちを擁護し厚遇していた。静山の時代は、平戸から外国人が去って長い時を経ているが、往時を偲ぶ僅かな遺跡や、松浦家に残った海外の品物など、かつての歴史を育んだ環境は、少なからず影響があったことは否定できまい。つまり、海外情報に対する単なる興味では片づけられない静山の取り組み方は、松浦家につながる血と、平戸の歴史的状況の存在があってのことであろう。つまり、ラクダなどについては、海外から運ばれて来たという海外情報性と、見世物になったという世俗性の二重の興味が働いて、静山の琴線《きんせん》に大いに触れたのであろうか。以下にも例示するとおり、継続してラクダの記述がなされる。

さて、『甲子夜話』巻九の二十四条には、こうある。

コノ三月両国橋ヲ渡ラントセシトキ路傍ニ見セモノ有ルニ看板ヲ出ス　駱駝ノ貌《かお》ナリ又板刻シテ其状ヲ印刷シテ売ル　曰《いわく》　亜刺比亜国中墨加之産ニシテ丈《たけ》九尺五寸長サ一丈五尺足三ツニ折ル、　予乃人《ちじん》ヲモテ問シムルニ答フ　コレハ去年長崎ニ渡来ノ駱駝ノ体ニシテ真物ハヤガテ御当地ニ来ルナリト言タリ　因《よっ》テ明日人ヲ遣シ視セ使《し》ムルニ作リ物ニテ有リケルガソノ状ヲ図シテ帰ル　図ヲ視《みる》ニ恐《おそら》クハ真ヲモシテ造ルモノナラジ『漢書』西域伝ノ師古ノ註ニ所伝ハ　脊上肉鞍隆高若封土　俗呼封牛　或曰　駝状似馬頭似羊長頂垂耳有蒼褐黄紫数色　然ルニコノ駝形ニハ肉鞍隆高ノ体モナクソノ形モ板刻ノ所伝ト合ハズ　前冊ニ駝ノコトヲ伝シガソレ是ナラン

両国にラクダの見世物が出され、その看板が置かれ、内容を記したものが売られた。内容は「亜刺比亜国中墨加之産《アラビアこくメッカのさん》」つまりアラビアの国はメッカの産であることや大きさが記されたものであった。家来が聞いてきたことには、昨年長崎に来たラクダを写したもの（造《つく》り物《もの》）で、本物はやがて江戸に来るだろうとのことであった。これだけの情報では、静山にとって不十分だとみえて、翌日、再び家来を見に行かせ、ラクダの造り物を写して

こさせている。印刷物と造物との姿の差に注目し、そこで『漢書』の記述と付き合わせる。彼の結論は、造り物のラクダは、昨年長崎に来たものを写したのではなく、享和三年に長崎に来航したアメリカ船に載っていたラクダを元に作ったものであろうと考察するのである。

さらに、巻十七の十二条にはこう記す。

前冊ニ駱駝ノコトヲ伝ヘリ　頃日間宮筑前守ガ［長崎奉行　近頃御作事奉行ニ転ズ］嘶ナリト聞ク　駝ハ悪気ヲ能知《よくしる》モノナリトトゾ　何カナル風烈ニモ向カヒ厭《いと》ハズ　微風ニテモ邪気アルトキハ四脚ヲ屈シ地ニ伏シ　鼻ヲ土ニ押付ケ其《その》風吹通リタル後起上リ元ノ如ク歩ト云　都《すべ》テ悪邪気ハ背鼻ヨリ入ル　コ、ヲ防グコトヲ知リシハ霊妙ナル獣ナリ　サレバ駝ハ人家ニ畜《やしない》置《おき》テ天地間外邪ノ悪気ヲ人々能知リタキモノナリ　コレ林話　間宮ハ近頃コノ獣ノ長崎ニ舶来セシユヱ見テコレヲ云ナリ

前の長崎奉行の間宮筑前守から聞いた話として、ラクダは悪気・邪気の存在を悟り、それを避けることができる霊獣であるという話である。このニュースソースは、静山の友人であり、この『甲子夜話』を著すことを勧めた儒学者林述斎であった。彼は、大学頭《だいがくのかみ》にも任じられるほどの人物であり、幕政にも大きな影響力があった人物である。静山は、間

宮筑前守は、前任地長崎で実際にラクダを見ることができたから、こんな情報を得ることができたのだろうと羨むのであった。

しかし、静山ならずともいぶかしく思うのは、なぜこんなに評判なラクダが、長崎に上陸したことは間違いないのに、江戸にすぐに来ないのかである。ラクダは、当時の長崎出島のオランダ商館長ブロムホフ（J. Cock Blomhoff 一八一七～二三年、出島商館長として存在。着任の来日時に夫人と子どもを同伴してきたが、出島は女人禁制のため、夫人と子どもはバタビア〔現在のジャカルタ〕に帰されるという悲劇の商館長としても知られる）が長崎の商人仲間に売り渡し、さらに大坂の興行師に売られ、彼ら二頭の十年にもわたる見世物興行の旅がはじまるのが文政六年になってのことであった。同年七月から大坂での見世物興行は好評であり、その後、京都から紀州・伊勢などで興行が行われ、なぜか東海道を進まず、中山道を経て江戸に入り両国での興行は文政七年閏《うるう》八月のことであった。実に三年ものあいだ待っていた静山の気持ちを察するに、長期に渡る鶴首《かくしゅ》の思いからか、かなり情報を集めたようで、ラクダに関しては、そこそこ詳しくなってしまったようである。長くかかった江戸までの時間は、各興行地での好評による日延べや、移動ももちろん徒歩であり、なおかつ人の目に付かぬように夜間・深夜の行程が多かったようである（ラクダが移動中に姿を見られないように布を全体に掛けて移動している図なども残っている)。そして、この思いもよらぬ時間差に、抜け目ない者が、それまでにと造り物ラクダの興行も思いつくのであった。それゆえ静山は気をもんだのである。

いよいよラクダが、江戸お目見得ということになると、巻五十三の十四〜十六条にはこう見える。

図20　長崎版画に描かれたブロムホフ夫人
(たばこと塩の博物館所蔵)

今年［文政甲申（七年）］駱駝長崎ヨリコノ都ニ来レリ　両国橋向ノ広地ニ見セ者ニシテ人群湊シテ観ル　此獣コノ四年辛巳六月ニ阿蘭陀《オランダ》ノ舶来ニシテハルシャ国ノ産ト云　然《しか》レバ第九巻ニ記セシ去年長崎ニ渡来セシト云シ者是ナリ　コレ亜剌比亜国中墨加之産ト云シガ孰《いず》レナルカ　又駝ニ種類アリテ、此度ノハ独峰駝ト云者ナリ　去レバ前ノ造リ物ノ駝ハ享和三年亥七月ナル由　アメリカ人ノ舶来ナレドコレハ上陸セズシテ還サル（中略）今遠来ノ物予モ視タク思ヘドモ流石《さすが》卑賤混騒ノ中ニモ雑《まじ》ハリカヌル故儒生蒲生亮ヲシテ視セシメシ（中略）古ヘハコノ独峰駝ノ如キハ未知ザルナリ
今ノ開ケタル　万里周覧アリガタキ時ナラズヤ

はじめ江戸市中の興奮と興行盛況の様子が如実《にょじつ》に記されるが、静山は、隠居したとはいえ、平戸藩主であった身では、「予《よ》モ視《み》タク思《おも》ヘドモ流石《さすが》卑賤《ひせん》混騒《こんそう》ノ中《なか》ニモ雑《まじ》ハリカヌル」と自身見に行くのをためらうのである。再度、代わりの者に行かせて、その報告を聞くのみである。隠居大名の中には、平気で芝居や見世物見物にでかける者も存在した反面、静山のように、行きたいのは山々なれど、家や立場を考え我慢する者も少なくなかったようである。さて、ここでまた彼は学究指向から、考察をせずにはいられなかったようで、見に行った者の報告でこのラクダの産地はハルシャ国（ペルシャ）と聞くが、自分が

文政四年に長崎にラクダが来たという記録を記した際に「亜剌比亜国中墨加之産（アラビア国メッカ産）」と記したものと異なるのかと考えだすのである。しかし、こぶの形態からラクダには二種あり、今江戸に来ているのがひとこぶラクダであることから、これが文政四年に来たものと断定する。さらに、造り物でラクダを見せていたものは、今江戸で興行しているラクダと異なり、享和三年のアメリカ船が積んでいたものと区別するのである。さすが素晴らしい考察・洞察であり、実見はしなくとも、自分の前に集まった情報を整理し、判断する能力も素晴らしく、さらにそれを記録するということにまで及ぶわけであるから、お見事というほかない。

このラクダの産地に関しては、事実はアラビア産であった。ラクダが上陸した長崎では、大量の長崎版画でラクダ図が板行され、そのほとんどに産地や大きさなどが記されてあるが、それはアラビアであり、ペルシャ記述は無いに等しい。しかし、大坂の興行後、江戸までの間でペルシャ説が加わり、双方の情報が流布したようであるが、江戸の興行時にはペルシャ説が多くを占めていた。私自身もこの時期の随筆などを参考に使うことが多く、文政のラクダに関する記述を集めると、これもペルシャとするものがほとんどである。そのため、一時期、私も原稿などにペルシャ産と記した時期もある。松浦静山の爪《つめ》の垢《あか》でも煎《せん》じて、飲ませていただきたいものである。

そして、『甲子夜話』中では、文政のラクダに関して最後の記述となる巻六十五の十七条には次のように記されている。

前ニ駱駝ノ来レルコトヲ云キ　今ハ都下ノ口実トセリ　享和ニハ人不見《みず》　コノ度ハ普《あまね》ク見テ珍シトス　然《しかる》ニコノホド燕席《えんせき》ニテ或人云フ　上古コノ獣吾邦ニ来ルコトアリト因テ『国史』ヲ閲《けみす》ルニ云ク　推古天皇七年秋九月癸亥朔百済貢駱駝一疋驢一疋羊二頭白雉一隻ト見ユ　至今一千二百二十六年ナレバ世人珍トスルモ尤ナリ　又『和名鈔』ノ頃ハコノコト人モ伝シヤ　良久太乃宇万《ラクダのうま》ト和名ヲ記シケリ

単に噂のみで珍しいとした享和のラクダに対し、文政のラクダは多くの人が実際に実見してその珍しさを体験していると記す。なにやら静山の実証主義を、垣間見《かいまみ》たような気がする。さらに、上代にすでにラクダが日本来ていたことを引用するが、これが事実かどうかはわからない。『和名鈔（抄）』にある「良久太乃宇万」の記述は、このことを知っていて書かれたのであろうかと疑問を呈している。ここでも静山は、科学しているのである。

随筆類に見るラクダ

ついでに、他のいくつかの随筆類を見ておこう。まず斎藤月岑《げっしん》が著した『武江年表《ぶこうねんぴょう》』の文政四年の項にこうある。

> 六月　長崎より百児斉亜《ハルシヤ》国の産駱駝二頭を渡す　閏八月九日より西両国広小路に出して見世物とす（蛮名カメエル又トロメテリスと云ふとぞ　予　此の時真物を看て「和漢三才図会」橘守国等が絵本にあらはす所の虚なる事を知る　背に肉峯ありて鞍のごとしといへる説によりて　二つの肉峯を画けり　肉峯は一つにしてしかも高し　足は三つの節ありて三つに折る　高九尺長二間　牡八歳牝七歳といへり　後に北国へ牽き行きて見世物とせしが寒気にふれて斃れたりと聞こえり（中略））筠庭伝ふ　此の見世物出てより後　物の大にして鈍なるやうなるをらくだと云ふ　その詞今にのこれり　又雑木を焼きたる堅からぬ大なる炭を名附けて　らくだ炭と云ひて行はれしが　当嘉永四年の春は此の炭稀なり　此の頃人用ゐざる故焚出さぬ成るべし）

ラクダの長崎上陸から、江戸両国における見世物興行までの長い間に、印刷物の形で興行に先行して情報が江戸にも伝えられ、『甲子夜話』巻九の二十四条に記されたような造り物の見世物などが行われたりされ、前評判があおられるのである。『武江年表』では、ラクダは「百児斉亜国の産（ペルシャ産）」とされている。月岑はみずからこの見世物を見て、『和(倭)漢三才図会』(寺島良安編で正徳三年〔一七一三〕に刊行された全百五巻からなる図説百科事典)のラクダの記述と比較を行う。『和漢三才図会』では、ふたこぶラクダの説明がなされており、見世物で見たラクダがひとこぶラクダであったため、月岑は『和漢三才図会』の記述は嘘《うそ》と断定する。これは、もちろん月岑の勇《いさ》み足《あし》であって、説明するラクダが異なっていただけのことである。「蛮名カメエル又トロメテリス」は、ひとこぶラクダの学名 *Camelus dromedarius* のことであろう。この情報は、長崎絵などにも記され、早くから伝えられたものであるが、前述のとおり、江戸到着までにペルシャ産のふたこぶラクダに変わってしまった。ちなみにふたこぶラクダは学名 *Camelus bactrianus* である。

次に『宝暦現来集《ほうりやくげんらいしゅう》』(天保二年成立。著者である山田桂翁が、宝暦から天保までの七十年にわたる街談巷説をまとめたもの)巻之九と、『巷街贅説《こうがいぜいせつ》』(文政十二年序、塵哉翁著)巻之二の記載事項を見てみよう。ともに文政四年に長崎に阿蘭陀《オランダ》人《じん》が持ち渡ったとし、その理由を『宝暦現来集』では、唐人がラクダを長崎丸山の遊女に渡し、その唐人が帰国の後、遊女は身受けされるが、ラクダは人に売られ、見世物となったと記されてある。オランダ人に唐人がラクダを注文したのであろうか、ちょっとつじつまが合わない。『巷街贅説』では、オランダ人が丸山の遊女に渡し、それを見世物興行の男に譲ったとされている。こちらの方がはなしが通るようだ。しかし、事実は、前に述べたとおり、長崎のオランダ商館長ブロムホフの努力により長崎の商人仲間に売り渡され、さらに大坂の興行師に売られたものである。この辺りが、随筆の無責任なところで、史料として疑わずに信用すると大きな間違いを生じる。反面、これが随筆の面白いところで、著者の興味のおもむくまま筆が進められているぶん、公的な史料にないなまなましさが存在する。要は、他の史料（資料）等と比較検討して使うということであろう。ちなみに、この項でほぼ同時代成立の四つの随筆を使っているが、その記述の共通したところと、異なる部分があることなどがその好例である。

ここで、また面白いことは『宝暦現来集』と『巷街贅説』、両方の随筆がそれぞれ異なるラクダの「効用」を記録していることであろう。『宝暦現来集』では、水脈を見つけることができる、百まで寿命がある、子どもがラクダを見ることで疱瘡麻疹《ほうそうはしか》が軽くなる、ラクダには雷が落ちないなどが記されている。『巷街贅説』には、ラクダを見ることにより夫婦仲が良くなると記される。おそらく雌雄のラクダが仲睦《なかむつ》まじかったからであろうと想像できる。さらに、見世物の場所で売られた印刷物に、ラクダの小便が冷えや腫《は》れの妙薬となり、毛は疱瘡避《よ》けのまじないになるなどのことが記されていたとある。いずれも事実ではないことはいうまでもなく、見世物を盛況に導くための方便であるが、なんとなく微笑《ほほえ》ましいかぎりである。そして、見世物興行の現場では、ラクダを描いた番付《ばんづけ》（ラクダの産地や寸法などとともにその効用などが記されてある木版の摺物）、ラクダの置物やラクダ意匠《いしょう》のさまざまなもの（たとえば盃《さかずき》・袋物《ふくろもの》など）、いわばラクダグッズが制作販売された。恐れ入る商魂であるが、このようなことは、現在でも変わりないことに驚かされる。前述の「たまちゃん」の関連商品や、「ハリー・ポッター」などヒットした映画、はたまた「モーニング娘。」の関連商品など、なんでこんなものまでと思えるようなグッズが並んでいることと、大きな差はないようだ。ラクダもそうだが、これらは、流行の短い一時の風潮に当て込んだ商売であり、その流行が落ち着くまでの間に、利益を得ようとした短期勝負のものであった。

今でも動物園で見るラクダは、行動的ではないし、のんびりとした風に見える動物である。当時の見世物もそうであったようで、ラクダを「楽だ」に置き換えた戯《ざ》れ歌などが作られている。図体が大きく、のそのそと、ただ食べてだけいるような無用な人間を「らくだ」とあだ名で呼ぶことが行われた。先に引用した斎藤月岑の『武江年表』をもう一度見てみよう。「此の見世物出てより後　物の大にして鈍なるやうなるをらくだと云ふ　その

詞今にのこれり　又雑木を焼きたる堅からぬ大なる炭を名附けて　らくだ炭と云ひて行はれしが　当嘉永四年の春は此の炭稀なり　此の頃人用ゐざる故焚出さぬ成るべし」という最後の部分で、図体が大きく、動きが鈍い人をさして「らくだ」という言葉が使われるようになったということである。雑木を焼成した大きくて堅くない炭をも「らくだ炭」といい、このあまりできのよくない炭は、人の嫌うところとなり、今はほとんど見られなくなった――というようなおまけの解説が付けられる。まさしく、落語「らくだ」の死人であり主人公のあだ名の成立に直結する話である。落語の「らくだ」にでてくる馬公は、怠け者の大男で、仕事もせずにぶらぶらしているところから、「らくだの馬」とあだ名される。このようにこの落語は、この時のラクダの見世物から以降の社会風潮が背景となっていることをご理解いただけただろうか。ちなみに、ドイツ語のラクダ KAMEL は、「やっかいな人」「おろかな俗物」といったものを指す際にも使われるとかで、このあたり、落語の「らくだ」や、当時の庶民のラクダに対する印象と合致するのは、単なる偶然だけであろうか、おもしろい事象である。

かんかんのう

かんかんのうであるが、こちらも長崎から伝えられたもので、「看々《かんかん》踊《おどり》」などとも呼ばれた。長崎に来た中国人が、滞在する唐人屋敷などで行なった「清楽《しんがく》（中国の楽曲）」を模倣し、鼓弓《こきゅう》や銅鑼《どら》などの楽器で伴奏を付け、中国の風俗（唐人風）で謡《うた》い踊られた。曲は「九連環《きゅうれんかん》」と呼ばれるもので、本来は、九つの輪が連なった知恵の輪のようなもののことで、取れそうで取れず、複雑に絡み合った様子を、男女間のせつない恋の状況にたとえたものである。かんかんのうという名は、この「九連環」の唱い出し、「かんかんのう　きゅうのれんす」をとっている。ちなみに『甲子夜話』中の全文ではこうなる。

カンカンノフキウノレンス　キウハクウレンス　キウハクレンレン　サンチヨナレヘ
サァイホウ　ニイクワンサン　インヒイタイタイ　ヤンアァロ　メンコンホホラテシ
ンカンサン　モヘモントハイイ　ヒイハウハウ　テツコウニイクハンサン　キンチウ
メシイナァ　チイサイサンパンヒチサイモヘモントハイイヒイハウハウ

中国語の聞き覚えなのであろうが、意味不明なところや、近世の日本の俗謡《ぞくよう》は、そのほとんどが七五調であるのに対し、大きく調子が異なること、異形に見えた唐人の風俗などが受けたのか、寛政ごろの長崎伝来から始まり、文政三年の大坂での流行を経て、翌四年には江戸市中で大流行となる。しかし、あまりの流行に同五年春には禁令が出される。ラクダ同様に、松浦静山は、「世ニ流行スルコトモ時々変遷スルモノナリ」との書き出しで、かんかんのうについても記録している。静山は、歌詞に淫猥《いんわい》をきわめた内容が含まれていることとも、禁令が出された要因と記している。しかし、聞くところによると、いちおう男女間の恋愛が内容ではあるが、心情表現が中心という。ただ、流行するうちに、さまざまな替え歌が作られ、その中には春歌に近いものもあったのだろう。禁令により一時下火となるも、その後も流行は続いた。かんかんのうは落語の高座で「梅《うめ》ヶ枝《え》節《ぶし》（梅ヶ枝の手水《ちょうず》鉢《ばち》）」の節まわしでやられているが、現在時として耳にするものも多くは同じ節で聞かれる。

図21　『甲子夜話』に描かれたかんかんのう（松浦史料博物館所蔵）

さて、このかんかんのうは絵画などの好題材となったほか、飴売《あめう》りなどの行商などにも姿が模され、歌は人集めに利用されるなど、長く庶民の周辺に影響を与えた。この傾向は明治までも続くが、日清戦争を境に都市部では、ほとんど唱われることがなくなったという。当時、中国に対するまなざしが変化したということだろう。しかし、地方には、現在でも祭礼行事などとして唐人踊りが見られ、そのほとんどは、かんかんのうの伝播《でんぱ》したものが伝えられたものであるという。

さて、再び落語に戻ろう。主人公の馬公は、文政四年に長崎に到着し、同七年に江戸で見世物興行された「ラクダ」から「らくだ」のあだ名が付けられたものであることはすでに述べたとおりである。そして死後、半次と屑屋に抱えられ踊らされるのが、文政四年に江戸で大流行したかんかんのうである。ラクダもかんかんのうもともに、長崎発、大坂経由で江戸で流行したという共通点がある。さらにいえば、この落語の成立は上方といわれ、大坂の状況でいえば、ラクダの見世物は文政六年、かんかんのうの流行は同三年である。くどくどと年代を書いたが、いわんとするところは、二つは同時代、ともに海外から伝えられたものであるということ、そして噺の展開を構成するのに、当時の大きな流行を組み入れたものといえるのである。ただ、現在では、この点は、希薄《きはく》どころか微塵《みじん》もなくなってしまっただけなのである。実は、この「らくだ」は、江戸時代に海外から伝来したものや、その影響によるものがうまく噺に組み入れられており、この時期ならではの発想といえるものなのである。

「双　蝶　々」——猿手金唐革の紙入れとは

「双蝶々」とは

「双蝶々《ふたつちょうちょう》」は、三遊亭円朝《さんゆうていえんちょう》作といわれる長編の人情噺《にんじょうばなし》だが、確証はないようだ。『円朝全集』には、「小雀長吉《こすずめちょうきち》」として収められている。しかし、内容や芝居噺《しばいばなし》的な構成など円朝作らしいものではあるが、講談の「薊小僧梅吉《あざみこぞううめきち》」と同趣向でほぼ同じ内容である。円朝創作とはいえないが、円朝が先行する講談を落語に移植し、脚色したものということであろう。題名の「双蝶々」から、歌舞伎の「双蝶々曲輪日記《くるわにっき》」が連想されるが、内容的にはまったくの無関係なものである。唯一関係があるとすれば、登場人物の名前の共通性だけであろう。あとは、「双蝶々曲輪日記」の省略呼称がこの落語の題名である「双蝶々」として、通用していることであろう。歌舞伎では、濡髪長五郎《ぬれがみちょうごろう》と放駒長吉《はなれこまちょうきち》の両力士が主人公となる世話物《せわもの》狂言であり、双方の名前に付く「長」の字から「双蝶々」の外題《げだい》となっている。落語の方では題名と登場人物の名前のみを歌舞伎から借り、それらの人物の設定や話の内容はまったく違うものとなっている。歌舞伎と同じ趣向であれば、父親と子どもの名前（長兵衛・長吉）からか、悪事を働く仲間の名前（長吉・長五郎、歌舞伎の主人公たちと同じになる）から題名としたのであろうか。ともあれ、長講となる噺《はなし》であり、内容も複雑なためか現在高座にはめったに掛からない噺である。

内容は本郷大根畑《ほんごうだいこんばたけ》（湯島からお茶の水界隈《かいわい》）の棒手振《ぼてふり》の八百屋長兵衛の子ども長吉は、幼いころから悪童で手癖《てくせ》が悪く、後妻のみつがなにかと庇《かば》うがなつかない。家主の勧めもあり、下谷山崎町の玄米屋《くろごめや》山崎屋に小僧として奉公に出すことにする。長吉も十八になり、無事奉公が続いていたが、夜な夜な仲間の長五郎とひったくりなど悪事を働いていた。ある晩、不審に思った手代の権九郎に現場と、盗品や金が入った文庫を見られてしまう。権九郎は、それをネタに自分が惚れた吉原の遊女吾妻の身請け金百両を店から盗めと脅す。長吉は、首尾良く百両を盗んだが、小僧貞吉にそれが知れたため貞吉を殺し、権九郎をも殺して店を出て、奥州に身を隠す。後に江戸で、偶然に乞食となった義母と再会し、病気の父とも再会を果たす。そこで、長年の不義を詫び、五十両の金を渡す。一緒に住もうという父母の願いをそでにし、家をあとにする。奥州に八十人もの子分を持つ盗賊の頭領となった長吉は、吾妻橋でついに捕り手に囲まれ召し取られる——というもので、悪事三昧《ざんまい》の長吉が、最後に義母と病気の父との再会で、親子の情愛に目覚めるくだりが山場の噺である。

少し余談になるが、長吉が奉公した山崎屋は玄米屋だが、玄米屋とは通常は舂米《つきごめ》（搗米）屋《や》といわれ、米問屋から仕入れた精米前の玄米を精製して白米（精白米）にして小売りした。また、精米過程で玄米から取れる糠《ぬか》は、これはこれで集められ、舂米屋から糠屋が仕入れて販売した。糠も用途が多く、日常生活では、銭湯における糠袋（晒《さらし》の袋に糠を詰め体を擦り垢《あか》を落とした。現在の石鹸の代わり）は、代表的なものであろう。食生活的には糠に塩を混ぜて作る糠味噌がある。当然ながら手近な野菜を漬け、糠味噌漬けが各家庭で作られた。小豆の粉や麦粉の代用として菓子にも用いられたが、これは駄菓子の場合で、高級品には使われない。薬効のほどの保証はないが、民間療法として、煎《い》ることにより得られるタール状のドロドロの液体は、皮膚病の薬とされた。おできや田虫《たむし》、疥《かい》、水虫、いんきんなどに用いられた。このように収穫された米が、無駄なく消費されていたことを考えると、現在の豊かな食生活も、見直す必要を感じる。また、「江戸煩《わずら》い」と呼ばれた脚気《かっけ》は、実は江戸で流通していた精白米食によるビタミンB_1不足が原因であった。地方では、糠を取りきる精白米は少なく、玄米ならまだしも、稗《ひえ》・粟《あわ》などの雑穀が常食であった。この病は江戸を離れ、箱根を越えたころには治癒するといわれたが、江戸以外の土地での食事を続ければ、ビタミンB_1を多く含んだ米から、不足していた分を摂取でき、自然と体調が元に戻ったのである。まさに、主食の米に関しては、精白米が常食であった江戸は、かなり贅沢《ぜいたく》な環境にあったのである。

興味深い仕着文庫の中身

さて、この噺の中で、湯屋へ行く長吉を怪しんで、後をつけた手代の権九郎がひったくりの現場を見た後、急いで店に戻り、丁稚《でっち》の私物を入れてある仕着文庫《しきせぶんこ》をあけるくだりで盗品があかされる。仕着文庫は、手文庫とは異なりやや大きめの箱で、奉公人などのお仕着せや私物を入れておくもので、奉公人が個々に所持し、小僧たちの部屋に置いていた。さて、文庫の中身は、高麗青皮《こうらいせいひ》のたばこ入れ・猿手金革《さるてきんかわ》の紙入れ・印籠《いんろう》に櫛笄《くしこうがい》・金子《きんす》十両であった。これらは、いずれも高価であり、小僧風情《ふぜい》が身近に置くものではないものばかりである。では、それぞれが、どのようなものであるか見ていこう。

「高麗青皮のたばこ入れ」についてであるが、高麗青皮の話の前に、青皮について述べておこう。青皮については、天明元年（一七八一）刊の『装剣奇賞《そうけんきしょう》』巻六に「青皮（前略）青皮堅厚可以為鎧と有　倘は犀《さい》の咽皮か　商家にて蛮産大亀の咽皮といひ伝ふ事又一説なり猶考へし」とある。

引用した『装剣奇賞』は武士の魂といわれた刀が、太平の世を迎え武器としての用途から装身具に変化していく過程で著されたもので、本来は刀剣類の装飾について記したものである。著者は大坂の装刀商（このような商売が存在していたのであるから、刀はすでに装身具として用いられていたようだ）稲葉通龍（新右衛門）で、装刀に関するさまざまな事柄が全七巻にわたり記されている。この第六巻に「唐革類図抄」として、さまざまな輸入皮革が紹介されており、その青皮の部分を引用した。

さて、犀の喉《のど》の部分の皮といわれるが、本当に犀の皮なのかはわからない。また、別に蛮産（東南アジア）の亀の喉皮であるともいわれている。おそらく玳瑁《たいまい》・緑海亀（大亀類の海亀の一種で、この甲羅《こうら》が鼈甲《べっこう》となる）などのことと思われるが、いずれにせよ江戸時代では、長崎貿易で海外から運ばれてきたものである。見た目は、緑色をしており、鮫革《さめがわ》のような細かい凹凸《おうとつ》が密にある皮革で、なかなかお目にかかれない高価な皮革であった。こ

図22　高麗青皮のたばこ入れ

図23　輸入皮革の図様（稲葉通龍『装剣奇賞』より、たばこと塩の博物館所蔵）

の青皮は袋物屋などでは、高麗青皮と呼ばれ高級品として扱われていた。高麗というが、実際は朝鮮半島に犀は生息していない。当時の誤解ということもあろうが、海外からもたらされたものに「唐」の接頭語をつけたように、この「高麗」も船来品に対する接頭語として見た方がいいかもしれない。江戸から明治の袋物は、多くが今に伝えられているが、高麗青皮に関しては、比較的多くの袋物を見ている私も、いまだ数点しか見ていない。それだけ珍しいものとして、当時から扱われていたのであろう。この皮革の価格的なことは情報を持たないが、「臭青皮《くさせいひ》」という模造品が存在していたことから、ある程度の値段が付けられていたことが想像できる。模造品（イミテーション）は、元が入手困難であったり、非常に高価な場合に登場することから、青皮の価格も想像がつく。

同じく『装剣奇賞』巻六に、「臭青皮　朝鮮の大亀の咽皮なるよし　皮あつく七子《ななこ》のごときいざいざあらくして　整脊《せいせい》ならず　下品のものにて　緑の色も斑《まだら》なれば　緑青などをもて和にて補へるなり」とあり、東南アジア産ではなく朝鮮半島沿岸の大きな亀の咽皮で、青皮に比べると凹凸がまばらで、色も濃淡まだらのため、日本に運ばれてから緑青で染められた。これが、青皮の代用品として用いられたのである（たばこ入れについては「居残り佐平次」の項参照）。

私は、「双蝶々」は、円生の録音しか聞いたことがないが、彼は「高麗青皮のたばこ入れ」を「こうらいせいしのたばこいれ」と江戸前の訛《なま》りで語っていた。私なども江戸っ子ではないが「ひ」の発音は苦手で「し」となることが多い（皮肉にも名前に両方入っているのだが）。録音からは「こうらいせいし」としか聞こえないため、杞憂かもしれないが、最も近くそれらしい「高麗青磁《こうらいせいじ》」との聞き違えもあろうかと心配している。後が「たばこ入れ」である以上、磁器の青磁もどうかと思うが、こちらも高価なものゆえ、誤解も生じかねない。

金唐革

次の「猿手金革の紙入れ」であるが、ここでいう「金革」は金唐革《きんからかわ》のことで、猿の模様のある金唐革の紙入れということになる。この金唐革、なんともリズミカルな響きをもつ名称であるが、そもそもどのような革であるかはあまり知られてはいない。「唐」の字が当てられていることから国産品ではなく、輸入されたものという想像はつく。しかし、この革をもたらしたのは、唐《から》（中国）でも天竺《てんじく》（インド）でもない。鎖国政策下の江戸時代、唯一ヨーロッパの国として日本と交渉のあった国、オランダが金唐革の故郷であった。オランダではGouldleerといい、主に室内の壁面を飾る壁革として生産されたものである。この壁革が日本に送られる経緯は後にまわすとして、先に

図24　金唐革の壁革で飾られたオランダの住居室内

オランダのGouldleerについて話しをしよう（以下、この革の名称については日本名金唐革に統一する）。

金唐革は革（主には仔牛の皮）に銀箔《ぎんはく》を貼《は》り、さらにワニス（樹脂《じゅし》やアスファルトなどの混合液で、日本の漆《うるし》のようなもの）を塗ったものに模様を彫り込んである版木でプレスし、革に凹凸（エンボス）を付け彩色したものである。この皮はワニスの発色により銀箔が金色に輝き、豪華な模様と色彩に彩られた。金は使用していないものの色彩的には黄金色の革であった。金唐革は主に室内の装飾として壁に貼られたほか、服や椅子《いす》あるいは屏風《びょうぶ》などに用いられ、ヨーロッパの富の象徴として長く需要があった。実際にオランダやベルギーで金唐革が貼られている部屋を見てまわる機会があったが、百年から二百年あるいはそれ以上の年月を経たためか、光輝く様はあまり見られなかった。しかし、周囲の調度や建築装飾とあいまって豪華さを感じさせた。また、窓からの太陽光線は、金唐革の壁により明るさを増すことを実見し、ある種照明とまでいかなくとも、日中の室内照度を高めることも金唐革の利用目的の一つではないかとも思えたものである。金唐革本来の主用途である室内壁面に貼られた様子は、写真だけでは不十分で、実見してはじめて確認し得るものが多い（これは金唐革に限ったことではないが……）。

さて、金唐革はオランダの原産ではない。しかし、金唐革そのものの起源は明確ではなく、おそらく北アフリカと考えられるが、ヨーロッパではスペインにおいて早くからムーア人による生産が行われ、十四～十七世紀の最盛期には、ヨーロッパ中に輸出されていた。しかし、十七世紀の初めにムーア人がスペインから追放され、彼らから技術を修得した者が各地で生産を始めるようになる。やがて、オランダや南オランダ（現在のベルギー）が金唐革生産の中心地となる。時あたかも、オランダの国運最盛期でいわゆるゴールデンエイジを迎えており、その豊かなる国の象徴として利用される国内用をはじめ他のヨーロッパ中の需要をオランダの金唐革が満たしていた。ちなみに現在オランダに残る金唐革の貼られた建物は、教会や市役所の施設、城・養老院の集会室など、公共施設となっているところに多く見られるほか、博物館や個人の家にも残されている。現在オランダでは、金唐革は制作されておらず、現在残っているものの研究と保存を行なっている。また国立の文化財研究所に金唐革の専門スタッフを配置し、保護と再現を目的に活動している。

金唐革日本へ

さて、話は再度十七世紀に戻るが、壁革であった金唐革もオランダ東インド会社により、日本に運ばれている。はじめは将軍や幕府高官、関連の大名や奉行への献上品として運ばれた。十七世紀だけで枚数にして五千七百五十九枚もの数にのぼり、さらに金唐革を貼った折りたたみ式の鏡（鏡箱と呼ばれた）も七百七十七個運ばれた記録がある。当初は、あまり喜ばれず、献上品以外で運ばれたものも利益は上がらなかったようだが、一度これが庶民の手に渡るとさまざまな利用が行われる。当然ながら建築様式の違いから壁に革を貼るようなことはされなかったが（高価ということもあろう）、箱や小物に貼ったり、屛風に利用したりされた。なかでも一番多く利用されたのは袋物であろう。その袋物でもたばこ入れが最も多く見られるが、その理由は江戸の庶民がたばこ入れに持たせていた特性のためにほかならない。それは、江戸時代を通じて庶民に対し、為政者がとりつづけた奢侈禁令《しゃしきんれい》により庶民はみずからを思うままに飾ることが厳しく禁じられていた。そんな中で庶民男性は、日用品であるという隠れ蓑《みの》を用い、たばこ入れを飾り腰まわりの装身具としていた。これが、江戸庶民男性の唯一の装身具であった。そのため実用品には似つかわしくない高級輸入品が多く使われたり、意匠や素材に凝《こ》るなどがなされた。たばこ入れには実際に多くの輸入皮革が利用され、オランダ東インド会社が運んでくるといってもそのほとんどは先の青皮を例にとるまでもなく、東南アジア・インド・西アジアのもので、本国からの中継地で仕入れたものであった。しかし、金唐革は同じ輸入皮革の中でも、数少ないオランダ（ヨーロッパ）から運ばれてきたもので、意匠は非常にエキゾチックで、さらに金色に輝く黄金の革であったことから、金唐革のたばこ入れを持つことがある種ステータスとされ流行する。また、オランダとは異なる日本人の感覚により金唐革に優劣・階級がもうけられ、独特の価値判断が生まれている。その階級は革の善し悪しではなく、主に意匠で行われた。たとえば、エンゼルや人物が描かれていれば「人形手《にんぎようて》」、蛇は「蛇手《へびて》」、猿は「猿手《さるて》」などと呼ばれ珍重された。「双蝶々」に登場する猿手金革の紙入れは、さまざまな模様が混在する金唐革の中から、猿が浮き出ている部分をうまく使えるように断裁《だんさい》して、袋物（この場合は紙入れ）に縫製《ほうせい》したものなのである（紙入れは、通常縦長の形で二つ折りになる懐中用の袋物で、懐紙《かいし》や書付・手紙などを入れるため、紙入れの名称で呼ばれた。本来銭入れ（財布）とは用途や仕様が異なるものであるが、兼用もされ、財布と同じ意味でも通用してしまっている）。

染織品などでその意匠から「〇〇手」と呼ぶものに、同じく輸入品である更紗《さらさ》がある。しかし、更紗は布地全面が同じ柄（連続のパターン）であり、同じ更紗のどこの部分でも評価は変らないものの、金唐革は同じ革のどの部分を使用したかによって大きく評価が変化した。これは、本国オランダでは考えられない金唐革の評価と見方であった（後には、これを利用した商売が行われる）。このような傾向の定着は、先に引用した『装剣奇賞』の影響が大きかったようだ。『装剣奇賞』の中には、金唐革は十五種類のものが図入りで紹介されている。これがどうやら金唐革のマニュアル本的な存在となり、広くその情報が流布したようである。本自体も当初は小部数を出版した自家版であったものが、その後大手の版元から版を重ね、明治にいたるも出版されていた。そのため、日本人の金唐革に対する情報は、ほとんどが本書からのものであり、その影響は非常に大きい。江戸から明治期には、金唐革の意匠を応用したさまざまなものが制作されるが、江戸時代に限っていえば、そのほとんどが実際の金唐革を実見したものではなく、『装剣奇賞』の挿し絵をモチーフにしたものといえる。

庶民が興味を抱き、所持することを望んだ金唐革は、当然ながら革そのものも安くはなく、また輸入量も限られていたため、すべての人がのぞみのまま所持できるものではなかった。そのため、平賀源内《ひらがげんない》など国産模造を考える者も現れるが、オランダ産並みの本格的なものは完成にいたらなかった。だが、姫路革をはじめとする国内の皮革産業に、この模造技術が応用され、皮革に版で模様を付けたり、漆などで装飾するものが発達する。また、古来よりあった和紙による皮革の模造、つまり擬革紙《ぎかくし》でも金唐革は模造された。このように、オランダ渡りの金唐革を入手できない人たちは、国産の模造金唐革のたばこ入れを所持したのである。

革から紙へ

やがて、明治にいたり、富国強兵・殖産興業の国策のもと、この和紙による擬革紙が注目される。明治のイギリス人お雇い技師オルドリッチ（Arthur Stanhope Aldrich）は、本来鉄道技師であったが、古くからの擬革商竹屋に擬革紙を壁紙として輸出することを助言する。竹屋は擬革紙で壁紙を製造することに成功し、明治五年（一八七二）ウィーン万国博覧会に出品して好評を博し、輸出産業として一躍脚光を浴びることとなる。しかし、まだこの擬革紙は多くの問題点を持っており、良質のものを生産すべく大蔵省印刷局が改良研究に乗り出し、明治十三年には試作一号を完成するにいたる。この製品は海外で評判となり、ここに大量生産の国産壁紙産業が確立されることとなる。この壁紙は、金唐革の模倣から発達したため、金唐革紙（あるいは金唐紙）と呼ばれ、多くの外貨を稼いだ。

やがて、明治二十三年には、官業が民間を圧迫するとの批判を受け、この事業は民間の山路壁紙製造所に払い下げの形で移管された。この山路壁紙製造所はその後も優れた壁紙を欧米に輸出するかたわら、国内にも販路を広げた。当時すでにオランダを含めヨーロッパでは、金唐革の生産はなくなり、壁革に代り壁紙が登場していた。そのような状況の中、日本製の金唐革紙は和紙の持つ強さと漆などの加工による品質がヨーロッパ製品を凌駕《りようが》し、イギリスのバッキンガム宮殿をはじめ、かつて金唐革で飾られていた壁に、その代りに用いられた。オランダにもかつては金唐革が用いられていたものに、日本製の金唐革紙を用いた例が多く見られる。つまり、日本製金唐紙が貼られている壁を多く見ることができる。

このように、金唐革は、本来壁革であったものが日本では他の用途に用いられ、特にたばこ入れの特性により、これに使うことが流行する。このため、模造が行われるようになり、材質は革から紙にかわってくる。明治になり、この模造金唐革の金唐革紙はやがてオランダをはじめ欧米に輸出され、金唐革に代わり壁に貼られるという、日蘭相互の影響が顕著に見られる。さらに、金唐革のエキゾチックな意匠は、『装剣奇賞』の挿し絵という介在に多くよるものの日本の意匠文化の中に応用されたし、明治の金唐革紙は、オランダ（ヨーロッパ）から見て、東洋的な意匠が好まれ、多く利用されている。このように金唐革はたばこ入れという喫煙具を介在として世界を回る形で文化交流を果たしたことになろう。ただ一方に送られるだけではなく、双方文物の交流が行われた証拠品として、金唐革は日蘭交渉史中の特異な一面をわれわれに伝えている。

印籠

次の「印籠」は、ご存知の方も多いと思うが、丸薬などの薬を入れ腰に提《さ》げる小さな容器のことで、多くは楕円形で、三段あるいは五段重ね（二段・四段のものも見られるが、例は少ない）に仕切られ、左右両端に緒紐《おひも》を通して各段を連結し、緒締《おじめ》をとおし根付《ねつけ》で帯に挟み腰から提げて使用した。緒締は、提げ易《やす》いように緒紐を調節したり、締めたり緩めることで各段の開閉を調節した。段重ねにしたのは、異なる種類の薬品を一具の中に納めるための工夫と思われる。

江戸以前に薬の携帯が必要だったのは、主に戦場であり、武士は陣中において腰に薬入れを提げた。これが薬の容器として、また腰に提げる提げ物としての体裁がしだいに整い、印籠が完成していく。やがて、江戸時代になり戦乱がなくとも、武士は裃《かみしも》を着用した際には必ず腰に提げるのをならいとした。そして、刀剣同様に印籠も装飾的になり、さまざまな工芸技法が用いられたほか、形式も多様化する。ここにおいて、非常時に応急の薬を携帯するという本来の用途は形骸化し、武士など（名字帯刀《みょうじたいとう》を許された者など）を中心とした上層階級の玩弄物《がんろうぶつ》とされるような細巧な印籠が数多く制作されるのである。

現在では、完全にその用途は失われているが、美術工芸品として評価されている。素材には、木・竹・漆・金属・牙角《がかく》などあり、装飾法も多岐に及ぶが、とりわけ蒔絵《まきえ》を施したものに優れたものが多く、江戸時代工芸の最も特色ある一分野と見られている。

櫛笄・女性の装身具

「櫛笄」も、説明はあまり必要なかろうと思うが、いずれも女性の頭を飾った装身具である。もとはいずれも結髪用の道具であり、実用品であったものが、しだいに装飾性を帯び、華美な加飾なされ、高価な素材が用いられた。ともに金銀・鼈甲《べっこう》・珊瑚《さんご》などの素材に、蒔絵や繊細な金工技術などで作られたものが喜ばれた。江戸時代をとおして日用品・実用品という方便で奢侈禁令をかいくぐっていたが、時として厳しい取り締まりの対象とされた。この方便のひとつに素材の名前を変えてしまうというものがある。この例が鼈甲なのであるが、現在、誰でもこの名前で玳瑁《たいまい》などの大きい海亀《うみがめ》の甲羅《こうら》を思い浮かべることであろう。しかし、実は鼈の字は「すっぽん」を意味する。中国では鼈甲は、すっぽんの甲羅であり、主に薬用として用いられている。なぜ、日本では、海亀の甲羅を鼈甲と読んだかであるが、もう想像がついたと思うが、オランダ船や中国船で長崎に運ばれてきた海亀の甲羅は、当然、高価な商品として扱われた。これを加工して櫛や簪《かんざし》・笄に使われるのだが、販売の際に、海亀の甲羅であることを伏せ、「すっぽん」の甲羅「鼈甲」でできたものと称して売られた。当然、買う方もそれは海亀のものであることを承知して購入した。商人たちの奢侈禁令対策のひとつであったのだ。しかし、それがあまりにも定着してしまったため、幕府瓦解以降奢侈禁令がなくなっても、海亀の甲羅は鼈甲と呼ばれ、それが現在にまでいたっている。なんとも不思議な言葉の誤用伝承といえよう。嘉永年間（一八四八—五四）に著された『守貞漫稿《もりさだまんこう》』でもこの状況を指摘し、鼈甲のことを玳瑁の本名と間違えている人が多いと記録している。今では、完全に、その間違いが間違いでなくなり、鼈甲すなわち玳瑁の甲羅で疑う人はまず存在しない状況である。

ずいぶんと、ものの説明が長くなってしまったが、当然ながら、先のたばこ入れや紙入れより、より一層女性用の髪飾りは長吉には不用のものである。噺の中では、長吉が行う悪事の描写はほとんどなされないが、唯一、芝居帰りの二人連れの女性の髪飾りをひったくる描写が真にせまって語られる部分は圧巻である。

さて、文庫を開けた場面の最初に語られるものとして、金子《きんす》十両はいうに及ばず、これらの品々は丁稚風情がふだん所持できるものではないものの例として、実に相応しい品々といえよう。

懸　守

最後に、長吉の独り言を聞いてしまったがゆえに殺されてしまう哀れな小僧貞吉と「懸守《かけまもり》」について述べておく。長吉が口外しない代償に貞吉が常々ほしがっていた「懸守」を買ってやると切り出し、首から懸ける紐の長さを測るとして絞め殺すのである。小僧貞吉がほしがった「懸守」とは、首から提げる守袋で、古くは楕円形の筒状容器（ここにお札を入れたり、梵字《ぼんじ》を書いた紙などを納めた）の左右から提げ紐（や提緒）を付け、首に懸けて、守り袋がちょうど胸のあたりにくるようにしたものである。女性などは、社寺参詣の際には着物の上からこれを懸けて出かけた。近世では、容器や提緒などを装飾的に扱い、信仰のためというより装身具（アクセサリー）として用いられ、男女とも現在の首飾り（ネックレス）のように使われていた。また、腕守《うでまもり》（あるいは肌守《はだまもり》）という織物を輪にしてその中にお札を入れ、腕に付けるものも流行した。こちらは、鉄火者といわれた威勢のいい若い衆や芸妓《げいこ》などが好んで用いた。多くは、生地に高価な輸入織物（ビロードなど）を用い、留め金具に金銀などを少し使い、袖からちょっと見えるというところを良しとした。もちろん、噺の中の貞吉は、信心から懸守を欲しがったのではなく、ちょっと背伸びをしてお洒落をしてみたかったのであろう。

実際の落語では、ほんの数秒で語られる短い部分ではあるが、その用語は、いずれも現在あまりなじみがなく、説明しはじめるとこれだけの紙面を要する。一番はじめの「金明竹」のように次から次と物の名前が羅列されるわけではないが、文化史的には説明しがいのあるものである。

あとがき

はじめに記したとおり、私は落語や落語史の研究者ではない。しかし、落語を聞くことは大好きであり、寄席を中心とした演芸を愛して止まない人間である。本職は博物館の学芸員であり、専門は美術史を中心とした庶民文化史としている。専門と落語は直接結び付いてはいないが、時として関係することもある。以前、八代目桂文楽旧蔵のたばこ入れを職場で入手し、整理した後に展示を企画したことなどがあげられようか。

振り返ってみると、テレビ放送の草創期から昭和四十年代ぐらいまでは、ＮＨＫをはじめ民放各局とも寄席や演芸番組が多く組まれていた。また、ラジオも伝統的にその手の番組が多かった。まさしく、そんな環境の中で育った私は、自然に演芸が好きになっていったのであろうと思っている。さすがに寄席やホールに行き出すのは高校から大学時代だが、いかんせん年中手元《てもと》不如意《ふにょい》で、それもままならなかった。しかし、公開録画というものがあり、只《ただ》（この只という文字が片仮名のロとハの組み合わせで、そこからお金の掛からないことを「ロハ」ということも先代の鈴々舎馬風《ばふう》の枕《まくら》で覚えた）で見られるのが魅力で、よくその列に並んだものである。落語は好きではあったが、落語研究会（落研《おちけん》）に入るなど、みずから演じるということはしなかった。語るということに関しての自分の力量はたかがしれているし、噺《はなし》を覚えて演じる努力を惜しんだのが私の了見であったのだろう。やはり、聞くのが一番楽しかったし、大学時代は周辺に共通の話題として落語を語る友人が沢山存在し、大いに盛り上がったものだった。今でもそんな友人達と会えば、何時しか話題はその方向に向くし、同業の人達にも落研ＯＢや元天狗連《もとてんぐれん》といった落語を演じることを好んだ人や、私のように聞くことに熱中した人が周囲に案外多くいて、ひょんな事から落語談義に花が咲いたりする。まことに、楽しいものである。

さて、この本が誕生することになった経緯は、私が吉川弘文館の雑誌『本郷』にある連載を創刊から三年にわたり執筆していたご縁で、新しく出版される同社の『歴史文化ライブラリー』に何か書くようなお話をいただいたことが端緒である。この時には、落語で江戸の一年を追えないか、といったような話であった。しかし、私は前述のとおり落語や演芸は大好きだが、ただ楽しむだけの愛好家であって、特段その道の研究者ではないし、楽しむ以上何か調べたことはない。いろいろと熟考の末、出た結論は今まで落語を聞くことで学ばせてもらったことを、今の自分の立場で自分の周辺にある情報を探ったらどうだろうか、ということにいたった。さらに学生の頃、落語を語り合う友人の一人が、卒業論文を落語でエントリーし、落語で語られる中から江戸の庶民思想的なものを考察するということにチャレンジしていたことを思い出した。当時は、まだ江戸は自分のテリトリーではなく、面目そうだなと思っていたが、まさか自分がその三十年後に似たようなことをするとは夢にも思わなかった。その時は途中経過を耳にするなどが関の山で、外野で応援するのみであった。でも、そんなことが今回の執筆に多少は影響してることは事実であり、敬意を表さねばなるまい。

それから、この本ができあがるまで長い時間が流れたわけだが、その間、たっぷりとこの本に時間を掛けたわけではない。生来ものぐさな私はのらりくらりと時間を費やし、永滝稔氏や伊藤俊之氏など編集諸氏に迷惑を掛けっぱなしであった。また、貴重な資料や情報を提供いただいた延広真治先生、武藤禎夫先生をはじめ、脱稿前に原稿を見ていただき貴重なご助言や資料を提供いただいた柳家小満ん師は、特にお名前をあげてお礼申し上げたい。突発的に質問をさせていただいた各ご専門の研究者の方々、図版に使わせていただいた作品のご所蔵先の皆様にも感謝とお礼の意を表したい。最後に、本書を読んでいただいた読者諸氏にも大いなる感謝の意を表したい。こんな文化史のアプローチの仕方もあるのだと思っていただけるだけで、著者としては「我が意を得たり」であり、これほど嬉しいことはない。

そして本当に最後に、私の耳目を楽しませ、そしてさまざまなことを学ばせてくれた噺家さんや演芸に関係した人達に最大級の謝意を表し、ご迷惑でなければ本書を捧げるものとしたい。

平成十五年十一月

岩崎均史

著者紹介

一九五三年、北海道に生まれる
一九七六年、国学院大学文学部史学科卒業
現在、たばこと塩の博物館主任学芸員、成城大学文芸学部非常勤講師、国立歴史民俗博物館客員教授

主要編著書
これを判じてごろうじろ　広重と歩こう東海道五十三次　日本の美術　喫煙具

歴史文化ライブラリー
171

落語の博物誌
江戸の文化を読む

二〇〇四年（平成十六）二月一日　第一刷発行

著　者　岩《いわ》崎《さき》均《ひと》史《し》
発行者　林　英男
発行所　株式会社　吉川弘文館
東京都文京区本郷七丁目二番八号
郵便番号一一三—〇〇三三
電話〇三—三八一三—九一五一〈代表〉
振替口座〇〇一〇〇—五—二四四
http://www.yoshikawa-k.co.jp/
印刷＝株式会社　平文社
製本＝ナショナル製本協同組合
装幀＝山崎　登

歴史文化ライブラリー

1996.10

刊行のことば

現今の日本および国際社会は、さまざまな面で大変動の時代を迎えておりますが、近づきつつある二十一世紀は人類史の到達点として、物質的な繁栄のみならず文化や自然・社会環境を謳歌できる平和な社会でなければなりません。しかしながら高度成長・技術革新にともなう急激な変貌は「自己本位な刹那主義」の風潮を生みだし、先人が築いてきた歴史や文化に学ぶ余裕もなく、いまだ明るい人類の将来が展望できていないようにも見えます。このような状況を踏まえ、よりよい二十一世紀社会を築くために、人類誕生から現在に至る「人類の遺産・教訓」としてのあらゆる分野の歴史と文化を「歴史文化ライブラリー」として刊行することといたしました。

小社は、安政四年（一八五七）の創業以来、一貫して歴史学を中心とした専門出版社として書籍を刊行しつづけてまいりました。その経験を生かし、学問成果にもとづいた本叢書を刊行し社会的要請に応えて行きたいと考えております。

現代は、マスメディアが発達した高度情報化社会といわれますが、私どもはあくまでも活字を主体とした出版こそ、ものの本質を考える基礎と信じ、本叢書をとおして社会に訴えてまいりたいと思います。これから生まれでる一冊一冊が、それぞれの読者を知的冒険の旅へと誘い、希望に満ちた人類の未来を構築する糧となれば幸いです。

吉川弘文館

〈オンデマンド版〉
落語の博物誌
江戸の文化を読む

On Demand
歴史文化ライブラリー
171

2018年（平成30）10月1日　発行

著　者　岩《いわ》崎《さき》均《ひと》史《し》
発行者　吉川道郎
発行所　株式会社　吉川弘文館
〒113-0033　東京都文京区本郷7丁目2番8号
TEL　03-3813-9151〈代表〉
URL　http://www.yoshikawa-k.co.jp/

印刷・製本　大日本印刷株式会社
装　幀　清水良洋・宮崎萌美

岩崎均史（1953～）

ISBN978-4-642-75571-9